DIANA HILLEBRAND

JOHANNES SCHIMPFHAUSER (FOTOGRAFIEN)

KOFFEINHALTIGE AUSFLÜGE
RUND UM MÜNCHEN

VOLK VERLAG MÜNCHEN

FÜR JÜRGEN UND AMELIE

Foto S. 224 oben: Jürgen Hillebrand
Foto S: 224 unten: Florian Fröhlich
Alle anderen: Johannes Schimpfhauser

Die Deutsche Bibliothek verzeichnet diese Publikation in der Deutschen Nationalbibliografie;
detaillierte bibliografische Daten sind im Internet über http://dnb.ddb.de abrufbar.

© 2019 by Volk Verlag München
Neumarkter Straße 23, 81673 München
Tel. 089/420 79 69 80, Fax 089/420 79 69 86
www.volkverlag.de

Druck: DZS Grafik d.o.o., Ljubljana
Alle Rechte, einschließlich derjenigen des auszugsweisen
Abdrucks sowie der fotomechanischen Wiedergabe, vorbehalten.

ISBN 978-3-86222-301-5

Inhalt

Unterwegs in der Welt der Cafés!

Wenn du unterwegs bist und innehalten willst, dann geh in ein Café. Setz dich an einen Tisch, vielleicht sogar unter freiem Himmel. Genieße die Begegnungen, das Summen der Gespräche, den Kaffeeduft – spüre den Takt der Lebensfreude.
Da sitzen sie beisammen, die Radler und Genießer, die Ruhelosen, die Sonnenanbeter und die, die vor dem Regen flüchten, die Kinder mit klebrigen Kuchenfingern, die aus der Gegend, die Fremden, die Familien und alle anderen auch.
Wenn du die Menschen rund um München kennenlernen möchtest und gern Kaffee trinkst, dann lies dieses Buch ...

UNTERWEGS

Nachdem ich bereits für den ersten Band 35 wunderbare Cafés und ihre Betreiber in München kennenlernen durfte, in ihre Küchen eingeladen wurde und ihren Geschichten lauschen durfte, habe ich mich gefragt, ob es im Münchner Umland genauso schöne Wohlfühloasen gibt. Deshalb habe ich mich in Tagesausflügen in alle Himmelsrichtungen auf den Weg gemacht. Ich war unterwegs in Glonn, Moosburg, Pöcking, Huglfing, Murnau, Bad Wiessee, Rosenheim, Pastetten, Freising sowie in vielen anderen Orten und wurde nicht enttäuscht!

Überall habe ich einzigartige Plätze gefunden, an denen die Seele ausruhen kann, und ich war überrascht von der Vielfalt, die ich rund um München entdeckt habe. Da gibt es Cafés mit integrierten Hofläden, ein ehemaliges Waschhäusl wurde in Eigenregie in einen gemütlichen Kaffeetempel verwandelt und den siebten Kuchenhimmel findet man in einem Bahnhäuschen. Ich habe ein rein veganes Café besucht, bin einem Schokoladentraum gefolgt und einmal war ich sogar Loriot ganz nahe...

In intensiven Gesprächen habe ich von außergewöhnlichen Lebenswegen erfahren. Ich habe Kaffeeröster getroffen, die alles für einen guten Kaffee tun – und manchmal sogar mit ihrer Röstmaschine sprechen! Aus einem Fluglotsen wurde ein Velosoph und zwei Spitzensportler fanden ihre Berufung als Kaffeeröster.

Hingabe, Qualität, hausgemachte Produkte und richtig guter Kaffee (aus der Siebträgermaschine), das verbindet die Cafés, die hier versammelt sind. Schmecken kann man das vor Ort oder auch zuhause, denn jedes Café hat mir ein typisches Rezept geschenkt.

Dieses Buch ist eine persönliche Auswahl, die keinen Anspruch auf Vollständigkeit erhebt. Natürlich gibt es andere schöne Cafés rund um München. Wenn Sie einen Tipp für mich haben, schreiben Sie mir gern (post@diana-hillebrand.de).

Aber nun wünsche ich Ihnen eine gute Reise in die Caféwelt rund um München!
Ihre Diana Hillebrand

Eine Entdeckungsreise in die Münchner Café-Welt

Diana Hillebrand
Zuhause im Café
Eine koffeinhaltige Reise durch München

ISBN 978-3-86222-249-0

Die Cafés im Überblick

Zaunkönig
Café & mehr

„ANSTÄNDIGE PORTIONEN UND
GLÜCKLICHE GÄSTE!"

¶

Alles fing damit an, dass Claudia Augustin mit einer Freundin in Dachau einen Kaffee trinken ging. „Für mich war das eine Zeit des Umbruchs und mir gefiel die Stadt sofort. ‚Hier möchte ich wohnen', dachte ich damals. Beruflich standen Veränderungen an, weil ich mich mit meiner Zeitarbeitsfirma nicht mehr so richtig identifizieren konnte. Ich wollte etwas anderes!"

Das Dachauer Umland kannte sie zu diesem Zeitpunkt schon, denn dort standen ihre beiden Pferde. Doch in der Kreisstadt selbst war sie bislang noch nicht gewesen. In Dachau fand sie schließlich zurück zu ihren Wurzeln, denn Claudia ist gelernte Restaurantfachfrau, war früher Betriebsleiterin im Löwenbräukeller am Stiglmaierplatz und hatte als Wiesn-Bedienung gearbeitet. An Gastronomieerfahrung fehlte es ihr also nicht. Und genau so jemanden suchte das Ehepaar Zauner, das sein „Café Zauner" in Dachau aus persönlichen Gründen aufgeben musste. Und wenn Gelegenheit und Wunsch aufeinandertreffen, dann kann daraus nur etwas Gutes entstehen.

Im Januar 2017 eröffnete die neue Besitzerin Claudia ihr Café Zaunkönig. Über den Namen hatte sie intensiv nachgedacht: „Ich wollte etwas Eigenes und trotzdem an das Alte anknüpfen."

Für mich als Gast erschließt sich der Name auch aus dem Umstand, dass der üppig begrünte und blühende Innenhof rund um das Café ein Paradies für Vögel sein muss. Selten habe ich einen so schönen Außenbereich gesehen. Doch das Innere des Cafés steht diesem in nichts nach. „Meine Cousine hat sich so richtig

ausgetobt und viele bunte Vögel gemalt!" Man spürt gleich die Liebe zum Detail: Überall finden sich mit Blumen bedruckte Kissen, fröhliche Kuckucksuhren und sogar auf den Tischnummern tummeln sich zierliche Piepmätze samt Krönchen. Die Tische sind aus Naturholz, dazu gesellen sich weiße Stühle. Für eine gemütliche Wohnzimmeratmosphäre sorgt auch ein großes Bücherregal. Dort entdecke ich ein Selbstporträt der mexikanischen Malerin Frida Kahlo. Das Bild ist für Claudia weit mehr als nur Deko: „Ich liebe Frida Kahlo für ihren Freiheitsgedanken", verrät sie mir.

Ein Erker mit rundem Tisch und einer halb umlaufenden Sitzbank fällt mir ebenfalls sofort ins Auge. Da möchte man sitzen und sich eine der schönen Früh-

Gäste und Piepmätze fühlen sich im Zaunkönig gleichermaßen wohl.

Hier kann man beides: Kaffee trinken und ein Buch lesen.

stücks-Etageren servieren lassen, auf denen sich wirklich alles befindet, was man sich nur erträumen kann – wenn gewünscht, auch als vegane Variante. Gut essen kann man hier aber den ganzen Tag. Die Karte ist vielseitig: hausgemachte Suppen, (vegane) Currys, Kaiserschmarrn, Vitaminbomben-Salate oder Bagels.

„Einmal in der Woche, immer freitags, gibt es bei mir kesselfrische Weißwürste vom guten Metzger und ich denke mir auch gern was Besonderes aus: einen richtigen Caesar Salad oder einen Weißwurstbagel, den wir während der Wiesn servieren", berichtet Claudia.

Man spürt, wie sehr der Cafébetreiberin ihre Gäste am Herzen liegen. Deshalb arbeitet sie nicht nur im Service, sondern auch oft in der Küche. „Beständige Qualität ist mir sehr wichtig."

Den Kaffee bezieht Claudia von der Qualitätsrösterei „Dinzler". Sie schenkt den „Bio Espresso Peru Organico" mit dunkler Schokoladennote aus. Für den Filterkaffee verwendet sie den „NGoro NGoro" aus Tansania, ebenfalls von der Rösterei „Dinzler". Aber auch für Teetrinker gibt es etwas Gutes, nämlich Bio-Tee von „Bioteaque", der Chiemgauer Tee-Manufaktur. Sowohl Filterkaffee- als auch Tee-Trinker dürfen im Zaunkönig den Genuss zelebrieren. „Jeder bekommt von uns eine Sanduhr auf den Tisch mit einem Hinweis, wie lange der Tee ziehen muss. Gutes braucht eben seine Zeit."

Das alles überzeugt und freut die Gäste. Trotzdem steckt sich Claudia weitere Ziele: „Ich würde meine Gäste gern schon frühmorgens ab sieben Uhr versorgen. Dann könnten sie ihre Suppen, Bagels und den frischen Orangensaft einfach mit ins Büro nehmen und das am besten in eigenen Behältern, um Plastikmüll zu vermeiden." Noch ist das nicht möglich, aber ich kann mir gut vorstellen, dass Claudia diesen Plan irgendwann auch noch in die Tat umsetzt.

Eine Besonderheit im Zaunkönig sind die auffälligen typografischen Zeichen, die die Wände des Cafés zieren und die mir als Schriftstellerin sofort aufgefallen

Echtes Vogelgezwitscher verspricht der großzügige Außenbereich rund um das Café.

Karamellisierter Kaiserschmarrn

Zutaten für 4 Portionen
10 Eier
300 g Mehl
30 g Backpulver
80 g Zucker
200 g Milch
200 g Sahne
8 cl Rum mit einem Schuss Bio-Vanille-Extrakt
1 Prise Salz
Mandelblättchen

Zubereitung
Die Eier trennen, Eiweiß schaumig schlagen und kurz beiseite stellen. Die anderen Zutaten zu einem glatten Teig verrühren und das Eigelb unterrühren. Anschließend das Eiweiß locker darunter heben.
Etwas Butter in eine kleine Pfanne geben, eine halbe Handvoll Mandelblättchen dazugeben, gold-braun anrösten und 300 Gramm Teig (ein Viertel des Teiges, entspricht 1 Portion) dazugeben.

Dies bei 215 Grad (Umluft) für 13 Minuten in den Ofen geben. Abschließend mit Zucker bestreuen, Schmarren reißen und karamellisieren (Bunsenbrenner). Dazu reichen wir hausgemachten Zwetschgen-Röster oder ein Apfel-Mango-Mus.

Nach dem Rezept von Antje Zauner (Gründerin des Café Zauner, Vorgänger vom Zaunkönig).

Allein schon für diesen Kaiser-schmarrn lohnt es sich, nach Dachau zu fahren.

sind. Zaunkönige können ja bekanntlich nicht lesen, damit haben die Zeichen also nichts zu tun. Vielmehr spiegeln sie die Geschichte des „Zauner-Hauses" wider, denn im Jahr 1885 erwarb ein gewisser Heinrich Trinkgeld das Anwesen und eröffnete dort eine Druckerei, die dann 1909 vom gelernten Buchbinder Zauner übernommen wurde.

Das Haus hat also schon viele Menschen kommen und gehen sehen. Umso schöner, dass daraus ein Ort der Begegnung geworden ist.

Zaunkönig Café & mehr Augsburger Straße 9, 85221 Dachau,
www.facebook.com/zaunkoenigdachau

Marias Café

„ALLES MIT HERZ!"

¶

Marias Café befindet sich in einer sehr ruhigen Wohngegend in Markt Indersdorf, nordwestlich von München, an einem Ort, an dem man ein Café vielleicht gar
nicht vermuten würde – nämlich direkt in einem gelben Mehrfamilienhaus. Ein
Schild an der Tür empfängt jeden Gast mit den Worten: „Ab hier bitte lächeln" und
das funktioniert erstaunlich gut, denn drinnen wird man gleich sehr herzlich von
der Cafébetreiberin Maria Jost begrüßt.

Eröffnet hat Maria ihr Café im September 2017 und damit fand das Leben der
Cafébetreiberin endlich den gewünschten Ruhepol, nachdem es viele Jahre ziem-
lich hin und her ging. Denn Maria stammt aus einer Schausteller-Familie! Wer sich
in dem schönen, hellen Café ein wenig umsieht, findet schnell eindeutige Hinweise
darauf. Mir ist zum Beispiel gleich das Gemälde von der Auer Dult auf dem Maria-
hilfplatz in München aufgefallen. Doch auch die Steinkrüge mit der Aufschrift
„Herzogliches Bräustüberl Tegernsee", die Flechtkörbe mit „Hacker-Pschorr"-
Plaketten, die gemalten Wiesn-Herzerl oder die Porzellantassen mit Trachtenpaar
sind ungewöhnliche Hingucker. All diese Dinge erinnern an die Zeit des Umher-
ziehens, bevor Maria ihr Café in Markt Indersdorf eröffnet hat.

Ihren Mann Emil, der früher ein Riesenrad betrieben hat, lernte sie auf dem
Dachauer Volksfest kennen. 38 Jahre sind sie schon zusammen und davon fuhren
sie 35 Jahre von Platz zu Platz, von Fest zu Fest. Nachdem die drei Töchter geboren
wurden, waren sie vor allem in Bayern auf Frühlingsfesten, Dulten und natürlich
auch auf dem Oktoberfest unterwegs.

Maria Jost (Mitte) und ihr Team

Seit 1992 steht die Familie mit ihrem Wagen „Josts – Die Pfanne" auf den Festplätzen und (Weihnachts-)Märkten, auch wenn Maria selbst nicht mehr mitfährt. „Ich wollte einen festen Platz haben, was meine Tochter Laura gar nicht versteht", erzählt die Cafébetreiberin. „Für sie ist es das Größte, unterwegs zu sein."

Der aufwendig verzierte und beleuchtete Wagen der Familie erinnert an einen Zirkuswagen und beherbergt die namensgebenden großen Pfannen, in denen

Marias Café hat sein Zuhause in einem Wohnhaus gefunden. Und wer genau hinsieht, entdeckt auch einen Hinweis auf ihr Schaustellerleben.

gekocht wird. Bei Marias Töchtern bekommt man Champignon-Gemüse-Pfanne, vegetarische Bratnudeln oder Schmankerl-Pfanne serviert. „Manchmal mussten wir richtig kreativ sein", erinnert sich Maria. „Man durfte auf dem Oktoberfest keine ‚asiatische Pfanne' anbieten, deshalb haben wir das Gericht in ‚Münchner Spezial-pfanne' umbenannt, und ‚Crêpes' hießen auf der Wiesn ‚bayerische Pfannkuchen'."

Ihre jahrelange Erfahrung aus der „Pfanne" bringt Maria natürlich mit in ihr Café ein, in dem alles selbst gemacht wird. „Ich koche und backe gern für meine Gäste. Das macht mir große Freude."

Ihr Mann Emil, den Maria liebevoll als „kleinen Chaoten mit einem großen Her-zen" bezeichnet, kümmert sich um die Einkäufe, sodass seine Frau in der Küche zaubern kann. „Am Anfang habe ich immer viel zu viel gekocht, weil ich die großen

Portionen aus der ‚Pfanne' noch so gewohnt war", erzählt die Cafébetreiberin lachend. Inzwischen hat sich aber alles gut eingespielt.

Es gibt täglich eine Suppe, ein Hauptgericht, Marmelade, Chutneys, alles ist hausgemacht, vieles in Bio-Qualität. Ihre Bio-Semmeln bekommt sie von der regionalen „Bio-Bäckerei Gürtner".

Außerdem backen Maria und ihr Team jeden Tag bis zu vier Kuchen. „Früher habe ich sonntags immer backen geübt, heute habe ich auf meinem Nachtisch Backbücher und entscheide oft ganz spontan, was ich mache. Meine Gäste lieben auch meine Überraschungskuchen." Ihre Mitarbeiterinnen bezeichnet Maria als wahre Back-Künstlerinnen und so hat sich inzwischen herumgesprochen, dass der Kuchen in Marias Café ganz besonders gut schmeckt.

Beim Kaffee liebt es Maria italienisch. In die Tassen kommt ein Espresso der Marke „Caffè Cortese" aus Neapel, der sich durch ein kräftiges und volles Aroma auszeichnet.

Mit Kaffee und Kuchen kann man es sich dann an einem Tisch direkt vor dem großen Fenster oder bei schönem Wetter draußen vor dem Café gemütlich machen und die Zeit gelassen an sich vorüberziehen lassen. Da passt es auch sehr gut, dass gleich nebenan eine zauberhafte und sehr gut sortierte Buchhandlung namens „Beck & Boy" ist, in der man sich mit Lesestoff versorgen kann. Langweilig wird es aber auch ohne ein gutes Buch nicht, denn die Cafébetreiberin sorgt mit ihrer Herzlichkeit und ihren vielen Geschichten dafür, dass der Gesprächsstoff nicht ausgeht.

Wenn der eigene Kühlschrank leer ist, geht man einfach zu Maria frühstücken.

Walnuss-Roulade

Zutaten für den Biskuitboden
4 Eier
150 g Zucker
1 Prise Salz
100 g Mehl
100 g gemahlene Walnusskerne
2 TL Backpulver

Zutaten für die Füllung
3 EL Zucker
100 g gehackte Walnüsse
1 EL Butter
600 g Sahne
2 EL Sofortgelatine

Zubereitung

Die Eier trennen, das Eiweiß steif schlagen und Zucker und Salz hinzufügen. Jetzt das Eigelb unterheben. Das Mehl, die gemahlenen Wahlnusskerne und das Backpulver mischen und ebenfalls unterheben.

Den Teig auf ein mit Backpapier ausgelegtes Backblech streichen und 12 Minuten bei 200 Grad (Ober- und Unterhitze) backen.

Danach auf ein Geschirrtuch stürzen und das Backpapier vorsichtig abziehen. Mit dem Tuch aufrollen und abkühlen lassen.

Für die Füllung den Zucker in einem Topf mit den Walnüssen und der Butter karamellisieren lassen. Die Sahne mit der Sofortgelatine steif schlagen. Die Biskuitrolle mit Sahne und den karamellisierten Nüssen füllen. 3 bis 4 Esslöffel aufheben und zum Verzieren verwenden.

Maria hat hier eine Heimat und so etwas wie ein zweites Wohnzimmer gefunden. Man spürt, dass sie angekommen ist und ihre Gäste offen und sehr herzlich aufnimmt.

 Marias Café Augustinerring 8, 85229 Markt Indersdorf, www.facebook.com/CafeMarias

23

Bohnen Fee
Kaffeerösterei

„RÖSTEN MIT LOTTE IST PURE MEDITATION!"

¶

Ich bin sehr froh, dass ich Manuela Cebulla kennenlernen durfte, denn bis dahin hatte ich doch das Gefühl, dass unter den Röstern Frauen eher eine Ausnahme darstellen. Vor allem war ich noch keiner Frau begegnet, die allein ihre eigene Rösterei betrieben hat. Bis ich Manuela in Moosburg traf!

Doch bevor Manuela sich um geröstete Bohnen kümmerte, hatte sie Hotelfachfrau gelernt und Betriebswirtschaft studiert. Dabei träumte sie schon lange davon, sich in der Gastronomie selbstständig zu machen. Doch Manuela suchte das Besondere. Sie ging bei einem Röster „in die Lehre" und in Wien ließ sie sich zum Chef-Diplom-Kaffee-Sommelier ausbilden. Alles andere war Learning by Doing.

Die Idee, ein Café zu eröffnen, spukte schon länger in ihrem Kopf herum. Doch um sicherzugehen, dass auch Gäste kommen, machte sie eine Umfrage, die offenbar positiv ausfiel. „Bei dieser Gelegenheit erzählte mir jemand, dass da irgendwo noch eine Röstmaschine herumsteht", erinnert sich die Rösterin heute. Was folgte war eine schicksalhafte Begegnung: Manuela traf Lotte!

Ich gestehe, dass ich während des Gesprächs eine Weile gebraucht habe, bis ich verstanden habe, wer Lotte ist. Sie ist nämlich kein Mensch, sondern Manuelas Röstmaschine! Und diese Verbindung ist wirklich einzigartig. „Als ich Lotte in der Halle zum ersten Mal gesehen habe, wollte ich nicht mehr gehen. Ich glaube nicht an Zufälle, das musste so sein", berichtet die Rösterin und mir jagt bei ihren Worten tatsächlich ein Schauer über den Rücken. Das Glück war auf Manuelas Seite: Weil sie Lotte, Baujahr 1958, wieder zum Laufen brachte, bekam sie die Röstmaschine

geschenkt. Das war der Beginn einer einzigartigen Beziehung und einer regelrechten Erfolgsgeschichte. Heute steht die 12-kg-Röstmaschine in einer alten Autowerkstatt und Manuela hat mir verraten, dass sie sie sogar „richtig getauft" hat, natürlich mit Kaffeebohnen. Danach konnte die gemeinsame Arbeit starten. „Ich röste immer allein, das ist für mich wie eine Meditation. Ich liebe es, mich zurückzuziehen, und genieße meinen Kraftort."

Die beiden sind ein gutes Team und Manuela schätzt ihr Handwerk. „Ich produziere etwas und wenn ich mir dann vorstelle, dass die Leute gerade meinen Kaffee trinken, dann ist das wirklich das Größte für mich!"

Die Rösterin Manuela Cebulla hat eine ganz besondere Verbindung zu ihrer Röstmaschine „Lotte". Im Café kann man schmecken, wie wunderbar die beiden harmonieren.

Sollte Lotte einmal „krank" werden, dann findet Manuela bei „Giesen Coffee Roasters" kompetente Unterstützung und gemeinsam bringen sie Lotte immer wieder zum Laufen.

Was Manuela und Lotte zusammen produzieren, kann man nicht nur in Moosburg an der Isar, sondern auch in Regensburg genießen. Denn dort gibt es einen zweiten BohnenFee-Laden, in dem Manuela auch eine Reparatur-Werkstatt für Siebträger-Maschinen betreibt. In der Filiale in Moosburg, die ich besucht habe, gefiel mir die Kombination aus Rösterei und Café außerordentlich gut. Man sitzt vor großen, hellen Schaufenstern und ist quasi von Kaffee umgeben. An der Wand erstrecken sich die verschiedenen Röstungen, die Manuela per Hand frisch für die Kunden abfüllt. „Mein Reich kann man riechen. Ich packe keinen Kaffee vorher ab, es sei denn, ich verschicke ihn", erzählt sie mir. Und wenn sie Kaffee verschickt, dann immer mit einer persönlichen Nachricht. „Es macht mir einfach Spaß, Genuss zu bereiten."

Dabei verlässt sich Manuela allein auf ihr Gespür und ihre Erfahrung. Anders als viele ihrer Kollegen nutzt sie kein elektronisches Röstprofil. „Ich lasse mich auf den Kaffee ein, höre, rieche und sehe. Meine Kaffees schmecken vielleicht nicht immer gleich,

aber immer sehr gut und meine Kunden schätzen das."

Zum guten Kaffee aus der hauseigenen Rösterei passen auch die Gebäckstücke der „Bäckerei Schrafstetter" aus Mauern, die feinen Pralinen von der „Confiserie Coppeneur et Compagnon" aus Bad Honnef sowie die Schokoladen aus aller Welt, die es hier zu kaufen gibt, ganz hervorragend.

Und weil alles in Manuelas Welt immer einen Namen braucht, tragen die Röstungen die Namen ihrer Söhne, Paolo und Emilio, oder ihre Hausnummer 10 auf dem Etikett. Ein Weihnachtskaffee heißt bei ihr Sternchen. Manuela kann tatsächlich zu jedem Namen eine schöne Geschichte erzählen ...

Sämtliche Kaffees können natürlich vor Ort getrunken werden. Die Rösterin selbst trinkt übrigens am liebsten Filterkaffee. „Am besten trinkt man Kaffee lau-

Drinnen richtig guten Kaffee trinken und durch das Schaufenster den Dahineilenden zusehen – das bringt die Seele zur Ruhe.

Kapuziner

Für 15 bis 20 Stück

Zutaten für den Mürbeteig

100 g Zucker
200 g Fett
300 g Mehl
1 Ei

Zutaten für die Füllung

200 g Marzipan
150 g Haselnüsse
100 g Zucker
etwas Eiweiß

Zubereitung

Die Zutaten für den Teig verkneten und den Mürbeteig ausrollen. Mit einem runden Ausstecher (Durchmesser ca. 10 Zentimeter) ausstechen.

Anschließend die Zutaten für die Füllung vermischen und jeweils eine kleine Portion auf die Mürbeteigplatten legen. Dann drei Seiten des Mürbeteigs hochklappen.

Die Kapuziner ca. 15 Minuten bei 180 Grad (Ober- und Unterhitze) backen.

Die erkalteten Kapuziner an den Ecken in Schokoglasur tauchen.

Nach einem Rezept und mit freundlicher Genehmigung der Bäckerei Karl Schrafstetter, Mauern

warm, dann ‚lüpft er sein Röckchen' und man merkt, ob er einem gut schmeckt", verrät sie mir. Manuela weiß wirklich Bescheid in Sachen Kaffee. Kein Wunder also, dass sie in Regensburg auch Barista-Kurse, Verkostungen und Schulungen für Siebträger-Maschinen anbietet.

Und weil das Leben auch für eine Rösterin immer weitergehen muss, hat Manuela inzwischen eine weitere Röstmaschine gekauft: Die moderne 12-kg-Röstmaschine heißt „Emma".

 BohnenFee Kaffeerösterei Herrnstraße 19, 85368 Moosburg an der Isar, www.bohnenfee.de

Farfallina's Patisserie

**„GASTLICHKEIT UND GUTES ESSEN BRINGEN
DIE MENSCHEN ZUSAMMEN!"**

¶

Das kleine Dorf Wagenhofen mit seinen rund 150 Einwohnern liegt rund 30 Kilometer von München entfernt und dort – man könnte fast sagen, am Ende eines Feldweges – befindet sich ein ausgezeichnetes Café namens Farfallina's Patisserie, das jede noch so weite Anreise wert ist.

Die Chefin des Cafés, Yvonne Höhne, hat in ihrem Beruf als Konditormeisterin schon eine beeindruckende Karriere hinter sich. Sie ging in der „Conditorei Kreutzkamm" in die Lehre, arbeitete bei „Feinkost Käfer", im Wirtshaus im Grüntal und in der „Boulangerie Niederreuther". 1996 schaffte sie es als externe Meisterschülerin unter die Allerbesten und erhielt einen Meisterpreis der Bayerischen Staatsregierung. Danach erfüllte sie sich den Wunsch, Mama zu werden, und machte eine Pause. Doch der nächste Traum wartete schon: „Ich wollte mich eigentlich schon immer selbstständig machen."

Und weil das Glück manchmal so nahe liegt, startete Yvonne ihre Selbstständigkeit in ihrem Elternhaus in Wagenhofen. „Als meine Eltern in die Staaten ausgewandert sind, hat sich das so ergeben. Mein Vater hatte hier im Haus eine Maschinenbaufirma. Wir haben beide einen hohen Anspruch an die Qualität des Handwerks."

Und wo früher die Maschinen des Vaters standen, geht es heute um meisterliches Konditorenhandwerk. Die Gäste des Cafés, vor allem Tagesausflügler oder Mitarbeiter der umliegenden Firmen, wissen das zu schätzen.

Eröffnung feierte das Farfallina's im Jahr 2000, wenn auch noch kein Café dabei war. „Am Anfang arbeitete ich allein und nur auf Bestellung. Freitags gab es

damals schon einen Backstubenverkauf", erinnert sich Yvonne mit einem Lächeln. „Doch schon bald kamen die ersten Angestellten dazu."

Das ofenfrische Brot gibt es immer noch. Es wird mit viel Liebe, Zeit und traditionell (ohne Hefe) zweimal gebacken, damit es eine feste Kruste bildet. „Für die Gastronomie braucht man eben Leidenschaft und Ausdauer", bringt es die Meisterkonditorin auf den Punkt.

Dank dieser Ausdauer kamen mit der Zeit eine Espressobar und 2005 auch ein Bistro hinzu, das die Gäste mit köstlichen Gerichten anlockt. „Wir haben verschiedene Frühstücksvarianten, täglich frische Mittagsgerichte und hausgemachte Torten, Kuchen oder Tartes." Und wie zu erwarten, lässt die prall gefüllte Kuchentheke keine Wünsche offen. Wunderschön dekorierte Torten und Kuchen buhlen dort um die Aufmerksamkeit der Gäste und man kann sich kaum entscheiden …

In ihrem Mann Sebastian, der in Österreich als Kellner und Koch ausgebildet wurde, hat sie den perfekten Partner für alle Lebenslagen und das Farfallina's gefunden. Er erinnert sich: „Wenn früher der Vertreter von ‚Segafredo' vorbeikam, hat mich das beeindruckt. Kaffee hat mich interessiert und ich wollte es genau wissen." Deshalb lernte Sebastian beim mehrfachen Deutschen Barista-Meister Thomas Schweiger alles über das Kaffeehandwerk.

„Bei ihm habe ich viel erfahren und auch gearbeitet, bevor ich mich selbstständig gemacht habe. Danach habe ich bei der GEMA in München eine Kaffeebar aufgezogen und als Barista gearbeitet. Aber auch das Technische, die Espressomaschinen selbst, faszinieren mich."

Dass hier wahre Meister am Werk sind, sieht man auf den ersten Blick!

Mit jedem Wort, das Sebastian über seinen Weg erzählt, spürt man seine Leidenschaft als Barista. Da wundert es auch nicht, dass das Farfallina's inzwischen selbst röstet. „Wir rösten in einer Espressowerkstatt in Neuried." Die hauseigene Röstung heißt "Soulcupcoffee" und kann im Farfallina's auch gekauft werden. Sebastian beherrscht ebenfalls die „Latte Art" und zeigt mir, wie ich den Milchschaum in den Kaffee geben muss, um ein schönes Muster zu kreieren. „Erst von weiter weg auffüllen, dann mit der Milchkanne näher heran...", dirigiert er mich. Was ihm mit Leichtigkeit gelingt, wird bei mir leider nichts. Man muss eben üben, um meisterlich zu werden.

Das stilvoll eingerichtete und sehr gemütliche Café versprüht Wohnzimmeratmosphäre. Aber das eigentliche Herz des Farfallina's schlägt in der Küche, die mit ihren Ausmaßen und den verschiedenen Arbeitsbereichen beeindruckt. Hier kann sich die Meisterkonditorin mit ihrem Team so richtig austoben! In der Küche werden Konditoren ausgebildet, die Catering-Bestellungen vorbereitet und hier

Auch wenn der Weg ins Farfallina's weit ist, lohnt es sich, dieses außergewöhnliche Café zu besuchen. Für den Rückweg nimmt man sich am besten noch etwas mit.

Glutenfreier Buchweizenkuchen mit Preiselbeeren

Für eine Springform (26 cm Durchmesser)

Zutaten

200 g Butter
200 g Zucker
4 Eier (Größe M)
1 Prise Salz
½ TL Zitronenschale
½ Vanilleschote
200 g Bio-Buchweizenmehl
200 g geröstete, gemahlene Haselnüsse
1 Prise Zimt
10 g Backpulver
150 g Wildpreiselbeeren-Konfitüre

Zubereitung

Butter und Zucker schaumig schlagen, Eier nach und nach zugeben und weiter schaumig rühren. Dann das Salz, die Zitronenschale und die Vanilleschote zugeben. Das Buchweizenmehl sieben und mit den Haselnüssen, dem Zimt und dem Backpulver vermengen. Die Mehlmischung zügig unter die Ei-Butter-Mischung heben und die Hälfte in eine gefettete Springform streichen. Die Preiselbeeren in der Mitte darauf verteilen, dabei einen Rand von ca. 2 Zentimeter stehen lassen. Die restliche Masse gleichmäßig verteilen und glatt streichen. Bei 190 Grad (Ober- und Unterhitze) ca. 30 Minuten backen und dann bei 170 Grad ca. 15 bis 20 Minuten fertig backen. Nach dem Auskühlen mit Puderzucker bestäuben.

entstehen selbstverständlich auch die fantasievollen Kreationen, die Kuchen und Torten, das Brot und all das, was im Farfallina's so unfassbar gut schmeckt.

Man kann sich dem Zauber des Farfallina's nicht entziehen und am Ende verrät mir Yvonne noch, dass der Name des Cafés italienisch ist und „Schmetterling" bedeutet. Ich wünsche mir wirklich sehr, dass dieser zauberhafte Schmetterling noch lange die Gäste erfreut.

 Farfallina's Patisserie Landstraße 4, 85235 Wagenhofen / Pfaffenhofen an der Glonn, www.farfallinas.de

5

Millirahm & Marzipan

Franziska Loock ist auf einem stattlichen Hofgut in Sickertshofen im Landkreis Dachau aufgewachsen. „Meine Mama ist Hauswirtschafterin, von der habe ich alles gelernt", erzählt sie und dass sie zuhause auch ihren Vater und Bruder bekocht hat.

„Wer von einem Bauernhof kommt, der macht's gscheid oder gar nicht", sagt die Cafébetreiberin. Deshalb hat sie – schon mit dem Traum vom eigenen Café im Kopf – zunächst Lebensmittelmanagement an der Hochschule Weihenstephan-Triesdorf studiert und darüber hinaus viel Erfahrung in der Gastronomie gesammelt, hat in Cafés und Bäckereien gejobbt und sogar ein Praktikum in einer Schokoladenfabrik absolviert.

Franziska überließ nichts dem Zufall, wollte gewappnet sein für das eigene Café. Deshalb machte sie auch noch eine Ausbildung zur Konditorin im „Café Schönleben" in Puchheim. „Dort hatte ich den besten Chef, den man sich nur wünschen kann", erinnert sie sich und in ihrer Stimme schwingt Begeisterung mit. Da durfte sie sich auch an ganz „freakigen" Kuchen und Torten austoben. Kreativität und außergewöhnliche Ideen, das scheint in der Familie zu liegen. Auch ihre Mutter Walburga folgt eigenen Ideen und macht seit vielen Jahren mit der Veranstaltung „Kürbis & Kunst" auf sich aufmerksam. Die außergewöhnliche Kürbisausstellung des Hofguts Sickertshofen mit Tausenden Kürbissen ist inzwischen bundesweit bekannt. Profischnitzer geben den orangen Riesen dann neue Gesichter, zahlreiche Aussteller zeigen Werke aus den Bereichen Keramik, Floristik, Malerei und

Franziska weiß, wie es
gemütlich wird.

Holzkunst, dazu gibt es für die Besucher köstliche Kürbis-Spezialitäten aus der hofeigenen Küche. „Meine Mama hat sich Kürbissamen und Kürbisse aus der ganzen Welt mitbringen lassen."

Auf dem Hof der Familie finden aber noch viele andere Veranstaltungen statt. Während der Hofweihnacht hat Franziska zum Beispiel gekocht und gebacken. „Man sieht zwar nicht viel von mir, aber die Gerichte tragen meine Handschrift."

Mit all diesen Erfahrungen im Gepäck eröffnete Franziska im September 2018 ihr Millirahm & Marzipan in Hebertshausen (S-Bahn-Haltestelle S2) und erfüllte sich damit ihren großen Traum. Doch auch die Bürger des rund Sechstausend-Seelen-Ortes an der Amper dürften begeistert gewesen sein, gab es hier doch weder ein Café noch einen Laden.

Diese Lücke füllt die Cafébetreiberin heute mit Bravour aus. Denn das Millirahm & Marzipan ist weit mehr als nur ein Café. Es ist ein Ort der Begegnung und ein kleines Geschäft, in dem man sich mit dem Nötigsten eindecken kann. Eier, Nudeln, Marmeladen, Honig, Schokolade, Aufstriche, Essig und Öl sowie andere Kleinigkeiten kann man direkt im Café kaufen. „Ich wollte von Anfang an ein Café und

einen kleinen Laden kombinieren. So kann ich bei mir selbst einkaufen", erzählt Franziska lachend. „Die Produkte bekomme ich von Lieferanten aus der Umgebung. Regionalität ist mir sehr wichtig."

Lange hatten sich Mutter und Tochter über den Namen Gedanken gemacht. Er sollte Franziskas Wurzeln und ihre Leidenschaft zum Ausdruck bringen. „Millirahm" steht für die bäuerliche Tradition und weil Franziska Marzipan liebt und auch viel in ihren Tortenkreationen verarbeitet, wurde aus der Kombination der beiden Begriffe schließlich der perfekte Name für das Café.

In den sehr schön gestalteten, hellen Räumlichkeiten mit Wintergarten finden sich viele Dinge, die eine Verbindung zum elterlichen Hof und ihrer Familie haben. „Aus der alten Nähmaschine meiner Oma wurde ein Tisch und die Bretter für die Rückenlehnen der Bänke an der Wand fand ich auf dem Dachboden."

Die dekorativen Holzscheiben sägte Franziska ebenfalls selbst. Es gibt eine Sofaecke und eine Spielecke für

Japonaise mit Himbeeren

Zutaten für den Teig

10 Eiweiß

300 g Zucker

250 g gemahlene Haselnüsse

50 g Weizenstärke

Zutaten für die Füllung

4 Eigelb

200 g Puderzucker

500 g Mascarpone

600 g Sahne

300 g Himbeeren

eventuell dunkle Kuvertüre für die Verzierung

Zubereitung

Das Eiweiß mit dem Zucker aufschlagen, bis es steif ist. Die Haselnüsse und die gesiebte Stärke unterheben. Die Masse auf einzelne Bleche verteilen und ca. 0,5 Zentimeter dick rund ausstreichen. Der Durchmesser der einzelnen Böden kann zwischen 18 und 26 Zentimetern variieren, je nachdem, wie hoch man seine Torte haben möchte. Die einzelnen Böden werden für ca. 12 Minuten bei 190 bis 200 Grad (Umluft) gebacken.

Für die Füllung das Eigelb und den Puderzucker verrühren. Anschließend die Mascarpone einrühren. Zum Schluss die zuvor geschlagene Sahne unterheben.

Sobald die Böden ausgekühlt sind, die Böden, die Creme und die Himbeeren abwechselnd schichten.

Zur Zierde dunkle Kuvertüre erhitzen und mit den restlichen Himbeeren auf dem Kuchen verteilen.

die Kinder. Franziskas Ideen scheinen unerschöpflich, das merkt man auch deutlich an ihren ausgefallenen, hausgemachten Kuchen- und Tortenkreationen. Die Kuchentheke ist stets gut gefüllt und kommt bei allen Gästen sehr gut an.

Im hauseigenen Laden kann man sich mit vielen Köstlichkeiten eindecken.

Und dazu gibt es Kaffee aus der „Dinzler Kaffeerösterei". „Der erste Cappuccino, den ich in meinem Leben getrunken habe, war ein Dinzler. Schon damals habe ich gesagt, sollte ich jemals ein Café eröffnen, wird es dort Dinzler-Kaffee geben." Diesem Vorsatz ist sie treu geblieben. Im Millirahm & Marzipan wird die kräftige Bistro-Mischung der Rösterei ausgeschenkt.

Wie schön, dass Hebertshausen nun diesen genüsslichen Platz hat, an dem man sich gerne auch ein bisschen länger aufhält.

 Millirahm & Marzipan Freisinger Straße 4, 85241 Hebertshausen,

www.millirahmundmarzipan.de

mein Barista

Der erste Eindruck ist ein bisschen San Francisco, ein bisschen James Dean mitten in Oberbayern. Das meinBARISTA in Germering ist ein lässiger, moderner Ort, den man sich auch gut in einer hippen Großstadt vorstellen kann.

Eröffnet wurde das Café 2014 von Miriam Ott, die die Räume übernommen, aber komplett umgestaltet hat. Dazu kommt, dass sich Miriam die Räumlichkeiten auf angenehme Weise mit einem Blumengeschäft teilt. Dank ihres frischen Konzepts hat sie ein einzigartiges Ambiente geschaffen. „Mir gefallen viele Stilrichtungen. Es muss nicht alles gleich sein, aber es muss passen. Manchmal sehe ich etwas und dann verliebe ich mich", erzählt die gebürtige Germeringerin.

Ihre Liebe zum Detail kann man im meinBARISTA überall spüren. Das Café ist gespickt mit Lieblingsstücken: Tassen, Bücher, Bilder, bunte Kissen und vor allem Schilder mit Sprüchen, wohin das Auge reicht. Miriam schmunzelt, als ich sie darauf anspreche. „Die Schilder bringt mein Vater Gerhard mit. Bei der Dekoration hilft meine Mutter Roswita. Hier braucht man kein Buch, man kann hier an jeder Wand etwas lesen. Zuhause habe ich allerdings Schilderverbot."

Also tobt sich Miriam in ihrem Café aus, das sie mit viel Herzblut und Engagement führt. Dabei wollte sie eigentlich gar kein Frühstückscafé betreiben, wie sie mir verrät. „Ich arbeite seit ich 15 Jahre alt bin in der Gastronomie und weiß, dass die Gäste sich vor allem am Abend mehr Zeit zum Genießen nehmen. Viele haben heutzutage keine Zeit mehr."

Doch Miriam entwickelte einzigartige Strategien, um die Gäste in ihr Café zu locken und zum Bleiben zu verführen. „Ich bin ja in Germering geboren und habe

eine Menge Freunde hier. Die habe ich gefragt, was sie sich unter einem perfekten Frühstück vorstellen würden und genau diese Frühstücksvarianten biete ich jetzt auch an. Das vegane ‚Mein Happy Day' (Mehrkornecken, Avocadocreme, Sojajoghurt mit hausgemachtem Granola mit Nüssen, Himbeeren und Kokosflocken) wünschte sich zum Beispiel meine beste Freundin Susi, das ‚Mein Balla Balla' (zwei Landeier im Glas mit Butterbreze oder Buttersemmel) meine Freundin Dani – und so kam eins zum andern."

Miriam hat wirklich viele Freunde! Mit ihrer Hilfe ist eine ansehnliche, abwechslungsreiche Frühstückskarte entstanden, der es an nichts fehlt. Vor allem ihr selbst gemachtes Bircher Müsli kommt bei den Gästen gut an. Die Marmeladen sind hausgemacht, der Tee stammt aus einem Teeladen in Germering und die Eier bekommt sie vom „Hühnerhof Kiemer" aus Alling. Die Cafébetreiberin setzt auf Regionales. Mittags verwöhnt sie ihre Gäste dann mit Hausmannskost wie Pfannkuchen, Toast, Flammkuchen oder Schinkennudeln. „Es ist eine Herausforderung, in der Küche zu arbeiten. Wir machen hier alles frisch", betont sie. Alle Rezepte stammen von den Omas und Müttern ihrer Freunde.

Miriam muss lachen, wenn sie daran denkt, wie ungern sie früher gebacken hat. „Ich konnte früher gar nicht backen, es war die Hölle für mich. Heute kann ich sogar alle Rezepte auswendig und mache das mit Leidenschaft. Aber ohne die Hilfe meiner Mitarbeiterin Marie, die schon von Anfang an dabei ist, hätte ich das sicher

San Francisco und Germering liegen hier nahe beieinander und James Dean gefällt es auch!

43

nicht geschafft. Und auch mein Mann Konstantin und meine Tochter Lea unterstützen mich bei allem immer sehr."

Ihre Freunde stellen heute immer wieder fest, dass Miriam die einzige von ihnen ist, die stets gern zur Arbeit geht – und das stellt sie auch täglich aufs Neue unter Beweis. „Ich bin irgendwie auch eine Entertainerin. An Geburtstagen decken wir besonders ein und dann singe ich auch gern mal ein Ständchen!"

Und zu all den Köstlichkeiten, die das meinBARISTA zu bieten hat, passt natürlich auch der Kaffee, der aus der Rösterei „Merchant & Friends" in Glonn (Seite 110) stammt. „Ich kannte die Röstungen von ‚Merchant & Friends' aus dem ‚Kempinski' in Berchtesgaden und mein Vater kannte den Andi persönlich. Als wir uns dann kennenlernten, waren wir uns sofort sympathisch. Zusammen mit meinem Vater probierte ich mich durch die Röstungen." Das Rennen machte schließlich die kräftige „House Blend"-Mischung der Herrmannsdorfer Rösterei.

Die perfekten Frühstücksvarianten kreierte Miriam nach den Wünschen ihrer besten Freunde und der Kuchen kann sich ebenfalls sehen lassen.

Pancakes

Zutaten für ca. 5 – 10 Stück (je nach Dicke)
5 Eier
125 g Vollmilch
125 g Sahne
125 g Zucker
½ Vanilleschote
1 Prise Salz
Zitronenabrieb (je nach Geschmack)
250 g Mehl
10 g Backpulver
Butter oder Öl zum Ausbacken etwas
Puderzucker zum Bestreuen

Zubereitung

Eier, Vollmilch, Sahne, Zucker, das Mark einer
halben Vanilleschote sowie eine Prise Salz
verrühren, bis eine glatte Masse entsteht. Das
Mehl sieben und dazugeben, das Backpulver
hinzufügen und alles vorsichtig vermengen.

Jeweils eine Portion Teig in einer Pfanne mit Butter
oder Öl ausbacken, bis der Pancake goldbraun ist.
Mit Puderzucker bestreuen und mit frischem
Obst und / oder Ahornsirup servieren.

Miriam weiß, dass es auch eine Übungssache ist, guten Kaffee zu machen.
Inzwischen beherrscht sie diese Kunst aus dem Effeff. „Ich liebe es einfach, Kaffee
zu machen."

Die Begeisterung, mit der Miriam ihr Café führt, die unverstellte Freundlichkeit
und die hervorragende Qualität locken zahlreiche Gäste in das Café. Dort begrüßt
man sich nicht selten mit einem Küsschen und die Gäste dürfen auch in die Küche
gehen. Die Atmosphäre ist angenehm locker.

„Ich muss mich nicht verstellen, ich mag es, andere Menschen glücklich zu machen!", bringt es Miriam auf den Punkt. Das glaube ich ihr sofort und nehme mir
vor, das Café samt Blumenladen bald wieder zu besuchen.

 meinBARISTA Untere Bahnhofstraße 29a, 82110 Germering, www.meinbarista.de

7

Die Tortenfee

„WIR KÖNNEN NICHT HEXEN, ABER ZAUBERN!"

¶

Als Kind wünschte sich Barbara Sedlmayr einen Farbkasten mit 48 Farben. Schon damals kannte ihre Kreativität keine Grenzen und das gipfelt heute in einem farben- und formenprächtigen Rausch aus Torten und Kuchen. Normalerweise gehöre ich nicht zu den Menschen, die an Magie glauben, doch seit ich die Tortenfee kennengelernt und ihre Kreationen gesehen und gekostet habe, hat sich das geändert. Für mich ist Barbara eine wahre Künstlerin unter den Tortenbäckerinnen.

Dabei hat sie ganz bodenständig angefangen: Zuerst machte sie eine Ausbildung zur Konditorin und wechselte anschließend zu „Feinkost Käfer". Dort hatte sie in einer kleinen Abteilung einzig und allein die Aufgabe, Torten zu dekorieren. „Ich dachte, ich wäre im Himmel! Ich habe tagtäglich verrückte und ausgefallene Torten gemacht."

Sie blieb dort vier Jahre, absolvierte dann die Meisterschule und ging noch einmal zu „Käfer" zurück, bevor sie schließlich nach Alling zog. Hier gründete sie bereits 1990 ihre Firma „Die Tortenfee" und lieferte Backkunstwerke und Hochzeitstorten aus. Barbara erinnert sich: „Nachdem ich meine erste Hochzeitstorte kreiert hatte, hatte ich auf einen Schlag zwanzig Kunden!"

Ihre Tortenmanufaktur war äußerst beliebt und konnte langsam und gesund wachsen. Mit dem ersten Kind kam der erste Mitarbeiter, mit dem zweiten der zweite. „Wenn die Kinder abends im Bett waren, ging ich wieder in die Backstube."

Luisa freut sich, eine Kreation ihrer
Mutter zu präsentieren.

Zwanzig Jahre lang arbeitete die Tortenfee auf Bestellung und belieferte auch Prominente wie Michael Käfer, Franz Beckenbauer, Alfons Schuhbeck oder den FC Bayern. Und das ist bis heute so geblieben. Ihre Kreationen sind weit über die Grenzen von Bayern bekannt. Einmal „baute" sie detailgetreu die Küche des bayerischen Königs nach, entwarf Lampen aus Zucker und schreckte auch vor einem Bad aus Lebkuchen in Originalgröße nicht zurück. Und sogar das Hotel Adlon in Berlin gehörte schon zu ihren Kunden, für das sie eine Sternenpyramide aus Marzipan und Schokolade herstellte, auf der Weihnachtsbräuche aus aller Welt dargestellt waren. Das süße Kunstwerk war 4,50 Meter hoch! „Damals sind wir mit einem 7,5-Tonner von Alling nach Berlin gefahren", erzählt Barbara und man spürt deutlich die Leidenschaft, mit der sie sich diesen Herausforderungen stellt.

Als sie sich dann 2010 ihren langersehnten Wunsch nach einem eigenen Café samt Eventlocation erfüllte, waren ihr begeisterte Gäste sicher und die Tortenfee zeigt seitdem unermüdlich, dass sie zaubern kann. „2015 entstand die 25.000 Hochzeitstorte! Das haben wir mit einem großen Fest gefeiert."

Nach unzähligen Events änderte Barbara 2016 ihr Konzept, fand in etwas ruhigeres Fahrwasser und zu ihren Wurzeln zurück. Es entstand eine gläserne Backstube im Café. Es ist ein echtes Erlebnis, zwischen all den ausgestellten Torten zu sitzen, den Konditorinnen und Konditoren beim Backen zuzusehen und dabei zu genießen. Weil die Auswahl manchmal schwerfällt, bietet die Tortenfee auch eine Tortenvariation mit drei halben Stückchen an.

Wahrscheinlich hat sie auch ihren Lebensgefährten Daniel Lindemüller mit ihren Köstlichkeiten verführt, schließlich hat sie ihn auch in ihrem Café kennengelernt. „Ein anderer Platz war auch nicht möglich, ich bin ja immer hier", erzählt die Konditormeisterin lachend. Wie glücklich diese Verbindung ist, zeigt sich auch daran, dass sich Daniel – der eigentlich Kälteanlagenbauer ist – für das Kaffeerösten interessierte. „Ich habe ihm einen Kaffeeröstkurs geschenkt, den wir dann gemeinsam besucht haben."

Und da Daniel ein Mann der Tat ist und wie Barbara voller Ideen steckt, hatte er einen genialen Einfall: „Ich kaufe mir einen Linienbus, in dem ich meine Rösterei einrichte. Am liebsten würde ich die Kaffeebauern ja persönlich besuchen und mir meinen Rohkaffee dort abholen ... "

Gesagt, getan: Heute steht hinter dem runden Pavillon der Tortenfee tatsächlich ein schwarzer Linienbus und darin röstet Daniel mit viel Liebe und Bedacht in einem 4-kg-Trommelröster. Beim Einkauf des Rohkaffees hält er sich ausschließlich

Die Kuchen der Tortenfee sind pure Magie. Wer sich nicht entscheiden kann, wählt eine Dreier-Variation.

49

In der Tortenfee gibt es auch eine eigene Röstung.

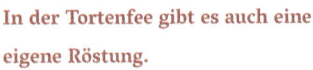

an Spezialitätenkaffee. Wenn der Vorrat aufgebraucht ist, gibt es einen anderen. „Wir wollen nichts vom Massenmarkt, hatten auch schon Kaffee aus dem ‚Tal der Hundertjährigen' in Ecuador."

Und wenn sich eine Tortenfee und ein leidenschaftlicher Röster zusammentun, dann entsteht ein Ort mit einer unwiderstehlichen Anziehungskraft. Schließlich haben sie mir auch ihr Geheimnis verraten: „Wir versuchen immer alles möglich zu machen, persönlich, individuell und mit vollem Einsatz!"

🔴 **Die Tortenfee** Am Hartholz 17, 82239 Alling, www.tortenfee.de

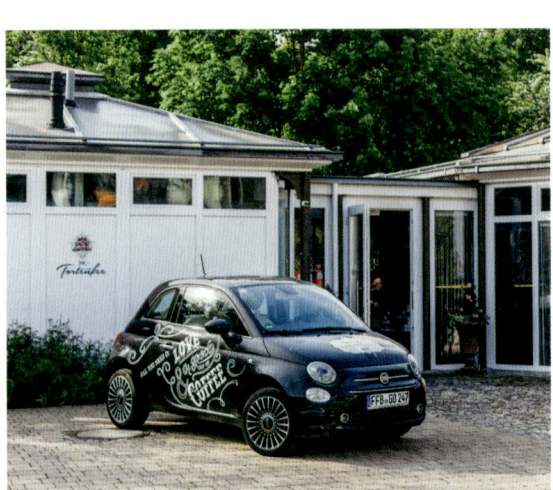

Zitronen-Viennetta

Zutaten für 5 dünne Biskuitböden
6 Eier
150 g Zucker
160 g Weizenmehl
500 g Zartbitter-Kuvertüre

Zutaten für die Zitronensahne
Saft und Schale von 2 unbehandelten Zitronen
90 g Zucker
Limoncello-Likör (nach Geschmack)
5 g Fruchtsäure, Zitronenpaste
750 g Sahne

Zutaten für den Überzug
200 g Sahne
30 g Puderzucker
geriebene Pistazien und Zitronenzesten zum
Dekorieren

Zubereitung

Die Eier trennen. Zucker und Eiweiß mischen
und zu einem festen Schnee schlagen, das Eigelb
dazu mischen und das gesiebte Mehl unterheben.

Backpapier fünfmal in der gewünschten Größe
zuschneiden. Hierfür kann man zum Beispiel den
Boden einer Springform mit 26 Zentimetern
Durchmesser oder eine beliebige andere Form als
Vorlage verwenden. Das zugeschnittene Back-
papier dient als Unterlage / Schablone, auf die der
Biskuitteig verteilt und aufgestrichen wird.

Die fünf Böden dann auf Backblechen einzeln bei
220 Grad (Ober- und Unterhitze) ca. 8 bis 10
Minuten goldbraun backen. Abkühlen lassen.

Die Zartbitter-Kuvertüre im Wasserbad oder in
der Mikrowelle auflösen und auf 28 Grad
temperieren. Die Kuvertüre muss temperiert
werden, damit der Boden dann einen Knackeffekt
hat. Jeden Boden dann dünn mit Kuvertüre
bestreichen.

Die Böden vom Backpapier lösen und den
untersten Boden mit der Schokoladenseite nach
oben in einen Tortenring setzen.

In der Zwischenzeit die Zitronensahne herstellen.
Dazu die Zitronen waschen und mit einer feinen
Raspel die Schale abreiben, dann die Zitronen
auspressen. Den Saft mit dem Abrieb vermischen
und dem Zucker beigeben. Eventuell noch ein
bisschen Limoncello-Likör und Fruchtsäure zum
Abrunden des Geschmacks beigeben. Die Sahne
schlagen und anschließend unter den Zitronensaft heben. Alles abschmecken.

Nun die Zitronensahne auf den ersten Boden
verteilen. Die Sahneschicht sollte fingerdick sein.

Dann den nächsten Boden mit der Schokoladenseite nach unten auf die Sahne legen. So weiter
verfahren, bis die Torte die Höhe des Tortenrings
erreicht hat und alle Böden verteilt sind. Danach
die Torte für ca. 3 Stunden in den Kühlschrank
stellen.

Anschließend die Torte aus dem Ring lösen, mit
der geschlagenen und gesüßten Sahne einstrei-
chen und am unteren Rand mit geriebenen
Pistazien absetzen. Die Oberfläche mit Zitronenzesten garnieren.

8

Café Aubinger Herzl

„CAFÉ FÜR DIE SEELE!"

¶

Phuong Schneider ist eine der warmherzigsten Gastgeberinnen, denen ich auf meiner Caféreise begegnet bin! Seit 1997 lebt sie in Aubing. Ursprünglich hat sie Kunstgeschichte studiert, stellte aber schnell fest: „Davon kann man sich keine Scheibe Brot kaufen!"

Eigentlich hatte sie sich immer schon ein eigenes Café gewünscht und bereits sieben lange Jahre nach ihrem Traum-Objekt gesucht, bis ihr der Zufall – oder das Schicksal – auf die Sprünge half: Eines Tages schaute sie während einer Busfahrt aus dem Fenster und erblickte einen Zettel, auf dem ein Konditor seinen Abschied bekannt gab. Die Gefühle der künftigen Cafébetreiberin flatterten sofort vor Freude, da die Räume der ehemaligen Konditorei perfekt ihren Vorstellungen entsprachen. „Mein Herz war überwältigt", erzählt mir Phuong mit all der Leidenschaft, die ihre Persönlichkeit ausmacht. „Ich wusste, hier kann ich mit Energie, Liebe und Kraft meinen Traum Wirklichkeit werden lassen."

Phuong wendete sich gleich an den Makler und behauptete selbstbewusst, sie habe bereits ein Konzept für den Laden. „Dabei hatte ich noch gar keins. Ich habe es dann über Nacht geschrieben."

Vielleicht war es dieses spontan erstellte Konzept, vielleicht aber auch Phuongs überzeugtes „Ja!", als der Makler sie fragte, ob sie ihre Erfolgsaussichten positiv einschätze: Phuong bekam die Zusage. Als sie eine befreundete Architektin wegen der Einrichtung um Rat fragte, gab diese ihr die folgenden Worte mit auf den Weg: „Mach es so wie zuhause, mach ein Wohnzimmer für alle."

Phuong (links) sorgt zusammen mit Mike und ihrem Team für eine warmherzige Atmosphäre.

Im März 2014 war es dann soweit: Das Aubinger Herzl öffnete seine Türen und Phuong stürzte sich mit Leidenschaft in die Arbeit. Man kann sich dem Charme der herzlichen, tiefgründigen und stets lachenden Caféchefin kaum entziehen. Meist schon nach dem zweiten Besuch begrüßt sie ihre Gäste mit Namen. „Für mich sind die Leute hier ein Geschenk." Phuong kennt die Aubinger und die Bauernhöfe drumherum. Sie lebt schon lange hier und nahm sich vor, „die Seele nach Altaubing zu bringen." Im Aubinger Herzl herrscht ein sehr persönlicher und liebevoller Umgang und man hat wirklich das Gefühl, einer großen Familie anzugehören.

An den Wänden hängen gerahmte Fotos, die eine zauberhafte Mischung zeigen: bayerisches und vietnamesisches Leben, Menschen aus verschiedenen Ländern, Freunde, Familie, lachende Kinder, Vietnam und München, das Rathaus am Marien-platz – Kulturen in harmonischem Einklang. Phuong kommentiert das mit einem einfachen Satz: „Hier schlägt ein Herz für alle."

Und dann hat sie auch noch jemand ganz besonderes für sich gewonnen! Zwei Wochen nach ihrer Eröffnung war Mike zu Gast im Café und verlor sein Herz an die außergewöhnliche Phuong.

Beim Kaffee setzt das Aubinger Herzl auf den Espresso aus dem Hause „Dallmayr".

Gemeinsam unternahmen sie eine „Forschungsreise" nach Wien und Salzburg, um sich weitere Ideen für ihr Aubinger Café zu holen. Die beiden passen einfach gut zusammen und während Phuong sich um das Café kümmert, ist Mike im Hintergrund für die technischen Dinge zuständig. So gibt es einen gut ausgestatteten Seminarraum mit Beamer, den man anmieten kann. Auch die Speisekarten und das Design der Webseite sind Mikes Kreationen.

Die Inneneinrichtung des Aubinger Herzls spiegelt die wohlige Harmonie wider: die Wände fliederfarben und beige, eine Kuschelecke samt Sofa und dekorativem Holzstapel an der Wand, Kissen in Beerentönen, mit Ornamenten oder glänzenden Silberapplikationen, Tische und Stühle in dunklem Holz. Die Cafébetreiberin hat sich in den Räumen verwirklicht und auch ordentlich umgebaut. „Vorher war hier alles ganz dunkel", erinnert sie sich.

Heute kann man in den hellen und geschmackvoll eingerichteten Räumen wunderbar frühstücken, auch vietnamesisch (!), dazu gibt es bayerische Köstlichkeiten, Sandwiches, Salate und Suppen. Und vor allem Phuongs Curry ist unschlagbar. Die Kuchen- und Tortentheke ist ebenfalls bestens gefüllt. Das Markenzeichen des Aubinger Herzls sind die Marzipantorte und die Schoko-Sahne-Torte. Dazu gibt es den italienischen Spezialitätenkaffee „Espresso Barista" aus dem Hause „Dallmayr". Neben der glän-

Frühstück Hanoi

Zutaten für 1 Portion
3 Eier
Salz
Pfeffer
½ kleine Zwiebel
1 Blatt Chinakohl
1 Blatt grüner Spitzkohl
ein wenig Karotte
Rapsöl
etwas Chilisauce

**eventuell Gurkenscheiben, Tomaten, Röst-
zwiebeln, Lauchzwiebeln, Paprika, Basilikum,
Radieschen oder Rucola zum Dekorieren**

Zubereitung

Die Eier mit der Gabel oder dem Mixer gut
aufschlagen und mit etwas Salz und Pfeffer
würzen. Dann das Gemüse vorbereiten. Die
Zwiebel klein (nicht zu klein) schneiden. Den
Chinakohl, den Spitzkohl und die Karotte in sehr
dünne Streifen schneiden. Es dürfen ruhig lange
Streifen sein. Das geschnittene Gemüse kurz in
Rapsöl anbraten und mit etwas Salz und Pfeffer
würzen.

In einer weiteren Pfanne Öl erhitzen, die Eier noch
mal gut aufschlagen und in die Pfanne geben.

Die Eier wie ein dickes Omelette kurz braten, bis
alles gerade so fest ist. Ca. 2 Minuten auf jeder

Seite anbraten, die Masse darf auf der Oberseite
nicht ganz durch sein. Dann das halb gegarte
Gemüse in einem Streifen in die Mitte geben,
etwas Chilisauce darüber tropfen.

Nun das Omelette von den beiden gegenüberlie-
genden Seiten über das Gemüse klappen. Zuerst
die eine, dann die andere Seite, sodass ein großes,
gerolltes Omelette entsteht.

Das Omelette nun in der Pfanne lassen und noch
ganz kurz braten. Vor dem Rausnehmen umdrehen
und eine halbe Minute weiter braten. Die richtige
Seite liegt so bereits oben.

Für Fleischliebhaber: Etwas klein geschnittenes
Hähnchenfleisch mit Salz und Pfeffer anbraten
und dann zum Gemüse geben, gut umrühren.

zenden Faema-Siebträgermaschine stehen zwei Mühlen, denn der Kaffee wird
stets frisch gemahlen. Mike, der im „Café Ruffini" als Barmann gearbeitet hat,
bringt einiges an Erfahrung mit. Man kann es sich also in dem schönen Café in
Altaubing auf vielerlei Weise gutgehen lassen.

Es wird langsam dunkel, als ich das Aubinger Herzl verlasse und mich Richtung
S-Bahn auf den Weg mache, da brennt der Himmel über den Gleisen plötzlich in
einem satten Rosa. Es scheint, als schicke mir Phuong noch einen Gruß hinterher.

 Café Aubinger Herzl Altostraße 36, 81245 München-Aubing, www.aubinger-herzl.de

9

Literaturcafé Waschhäusl

„JEDER FINDET SEINEN PLATZ!"

¶

Am Anfang war eine Bank – und auf der saß Angela Stimmer und blickte auf den idyllischen Pfarrgarten (Literaturgarten), den die Gemeinde Pöcking stilvoll umgestaltet und für jedermann zugänglich gemacht hatte. Ein schöner Platz, eingebettet in das Ensemble des alten Pfarrhauses mit Bücherei, Archiv und Standesamt. In der Mitte befand sich ein Gebäude, zur Hälfte ein Holzschuppen, etwa aus dem 18. Jahrhundert – das ehemalige Waschhaus für den Pfarrer, in dem aktuell Sonnenschirme aufbewahrt wurden. Angela erinnert sich: „Das Haus stand wie ein störender Riegel im Garten und wollte sich nicht recht in die schöne Umgebung einfügen. Ich fand das schade, denn mir gefiel das alte Häuschen. Ich fing an, darüber nachzudenken, was man daraus alles machen könnte."

Und da auf einen Gedanken unweigerlich der nächste folgt, stellte sie sich vor, wie schön ein Café an dieser Stelle wäre. Zu gern hätte sie ihre „Seelengedichte" dort geschrieben…

Dies lag alles bereits lange zurück, als das lichtdurchflutete Literaturcafé Waschhäusl schließlich im April 2015 eröffnete. Und die Verwandlung, die das ehemalige Waschhaus bis heute durchgemacht hat, ist erstaunlich. Vorher kaum beachtet, ist daraus ein Ort der Begegnung geworden und dies ist vor allem dem großen Engagement aller Beteiligten zu verdanken. Gemeint sind damit Angela und ihr Mann Marcus Stimmer, der Landschaftsarchitekt ist, sowie der Architekt Florian Weisler, die Gemeinde und nicht zuletzt die Pöckinger selbst! Bei den vielen Cafés, die ich inzwischen besucht habe, ist mir kein einziges begegnet, das ein ähnliches Konzept hat.

Zunächst wurde nämlich ein gemeinnütziger Verein namens „Literaturcafé Waschhäusl e. V." gegründet. Dieser Verein hat sich der Förderung von Kunst und Kultur, insbesondere der Literatur, sowie von Bildung und Heimatpflege verschrieben. Dahinter steht die Idee, das Café ehrenamtlich und mit moderaten Preisen zu betreiben, wobei sämtlicher Gewinn in die Umsetzung von Kunst- und Kultur-Projekten fließt.

Eine Heimat sollte diese Idee in eben jenem Waschhaus finden, das vorerst allerdings weder repräsentativ noch gemütlich war – und es gab durchaus auch Skeptiker. Doch schließlich packten mehr als fünfzig Pöckinger mit an und sorgten dafür, dass in über 800 Arbeitsstunden aus dem unscheinbaren Haus ein Literaturcafé werden konnte. Der Gemeinderat übernahm einen großen Teil der Kosten und es gab zahlreiche Spenden von Bürgern und Firmen.

Heute erstrahlt das Waschhäusl in neuem Glanz! Große, bodentiefe Panoramafenster gewähren einen Blick in den wunderbaren Garten. Vor allem wenn der Magnolienbaum in Blüte steht, mag man sich daran nicht sattsehen. Die Holztische im Café gruppieren sich entlang der großen Fenster und man hat das Gefühl, mitten in der Natur zu sitzen. Bei schönem Wetter kann man natürlich auch draußen im Garten Kaffee und Kuchen genießen.

Den Kaffee bezieht das Team des Waschhäusls von der „Andechser Kaffeerösterei" sowie von der „Kaffeerösterei am Ammersee". Es handelt sich um einen reinen Arabica mit wenig Säure. Dadurch hat der Kaffee

Durch ihren Zusammenhalt schufen die Pöckinger einen genussvoll-paradiesischen Ort.

eine große Bandbreite und eignet sich hervorragend für alle Zubereitungsarten. Dazu gibt es neben Croissants und Brezn auch Kuchen, für den die Mitglieder des Vereins ebenfalls sorgen. Mindestens ein Kuchen wird jeden Tag frisch gebacken und ins Café gebracht. Und es sind die Pöckinger selbst, die den Service unter sich aufteilen. In einem ausgeklügelten Drei-Monats-Plan wird alles koordiniert. Durch die lange Vorausplanung kommt erst gar kein Stress auf und alle, die mitmachen wollen, kommen mal dran. Die Stimmung ist entspannt. Ich habe eine der Damen gefragt, warum sie hier so gern bedient. „Hier finden interessante Gespräche statt, manchmal entstehen neue Freundschaften und wir helfen uns auch privat. Durch das Waschhäusl sind wir alle noch näher zusammengerückt!", bekomme ich als Antwort. Und alle schwärmen von den gemeinsamen Abenden, von den Lesungen, Workshops, Musikveranstaltungen oder vom lebendigen Adventskalender.

Ein ehemaliges Waschhaus wurde zum Literaturcafé Waschhäusl, zu einem Gemeinschaftsprojekt der Pöckinger, für sich, für die Gäste und für den persönlichen und kulturellen Austausch. Es müsste mehr solcher Projekte geben …

Regelmäßig finden im ehemaligen Waschhaus Lesungen, Konzerte und kulturelle Veranstaltungen statt.

Apfeltorte

Für eine Springform (26 cm Durchmesser)

Zutaten für den Biskuitboden

3 Eier

60 g Zucker

90 g Mehl

Zutaten für die Füllung

4 – 5 große Äpfel

(wir verwenden ca. 1 kg geschälte Äpfel)

2 Eier

½ Tasse Wasser

1 Tasse Zucker

Saft von 2 Zitronen

1 Päckchen Vanillepuddingpulver

50 g Butter

400 ml Sahne

Zubereitung

Die Eier zusammen mit dem Zucker gut schaumig schlagen. Das Mehl unterheben. Den Teig in die Form füllen und ca. 20 Minuten bei 180 Grad (Ober- und Unterhitze) backen.

In der Zwischenzeit die Äpfel schälen und grob raspeln. Die Äpfel mit den Eiern, dem Wasser, dem Zucker, dem Saft der Zitronen und dem Puddingpulver mischen und in einen Topf geben.

Die zahlreichen Bäckerinnen und Bäcker des Vereins sorgen für eine besondere Kuchenvielfalt.

Alles unter ständigem Rühren gut durchkochen lassen. Danach die Butter unterrühren.

Die Masse warm auf den fertigen Biskuitboden streichen, auskühlen lassen und die geschlagene Sahne darauf geben. Nach Belieben garnieren. (Wir raspeln Schokolade darüber und dekorieren mit dünnen Apfelschnitzen.)

„Dieses Rezept ist von unserem engagierten Ehepaar Annelie und Günter Seuß (ehemaliger evangelischer Pfarrer von Pöcking). Seit Öffnung des Cafés übernehmen die beiden jeden zweiten Donnerstag die Vormittagsschicht im Service."

Ich bin mir sicher, ich werde bald wieder vorbeischauen – die Anreise geht übrigens ganz leicht, sogar ohne Auto, einfach mit der S-Bahn bis zur Haltestelle Possenhofen fahren.

 Literaturcafé Waschhäusl e. V. Hauptstraße 8, 82343 Pöcking, www.literaturcafe-waschhäusl.de

10

Café Käthe

„ETWAS ANDERS!"

¶

Es gibt Orte, die ziehen einen fast magisch an – und so geht es mir mit dem Café Käthe. Wenn man das erste Mal vor den großen Schaufenstern steht, kann man kaum fassen, dass das hier ein Café sein soll. Denn das Käthe ist Café und Antiquitätenladen in einem, mit ausgesuchten Möbeln und allem, was sich gern dazugesellt. Schon allein dies dürfte jeden, der ein Faible für die schönen Dinge des Lebens hat, unweigerlich in das Ladencafé hineinziehen. Und dass man auf all den geschwungenen Sofas und samtenen Sesseln, an all den Marmor- und Holztischen Kaffee trinken kann, ist wirklich ein ganz besonderes Erlebnis. Tatsächlich wirkt das Käthe mehr als jedes andere Café, das ich besucht habe, wie ein richtiges Wohnzimmer. Und alle Antiquitäten, auf denen man es sich hier gemütlich machen kann, stehen auch zum Verkauf.

Eröffnet haben Jana und Jens Hassel ihren Antiquitäten-Café-Traum im November 2015. Den Namen verdankt es Jens' Oma Käthe, bei der er aufwuchs. Die beiden Cafébetreiber haben die beiden Räume mit viel Liebe zum Detail eingerichtet.

Doch wie verschlägt es eine Berliner Finanzbuchhalterin und einen Schreiner nach Bayern? „Wir haben in Tutzing Urlaub gemacht und es hat uns so gut gefallen, dass wir hierher gezogen sind. Tutzing hat ein buntes Völkchen, wir sind inzwischen hier angekommen."

Den Traum vom eigenen Café hatten beide und da Jana eine berufliche Veränderung suchte und Jens kaum an einem kaputten Stuhl vorbeigehen kann, ohne ihn zu reparieren, entstand die spannende Liaison zwischen Café und Antiqui-

tätenladen. „Wir hatten schon immer Antiquitäten", berichtet die Cafébetreiberin. „Jens kauft oder findet kaputte Möbel, restauriert sie, polstert und macht alles, um ihnen neuen Glanz zu geben." Wie gut ihm das gelingt, erkennt man tatsächlich an jedem Stück, das es hier zu bewundern gibt. „Unsere Gäste sagen, sie sehen immer wieder etwas Neues und die Augen haben stets etwas zu tun."

Damit das so bleibt, verzieht sich Jens gern in seine kleine, angrenzende Werkstatt und kümmert sich um all die Sachen, die seiner Kunstfertigkeit bedürfen. Seine Hände erweckten den wunderschönen Tresen, das antike Buffet und die alte italienische Espressomaschine zu neuem Glanz. Wenn er von seiner Arbeit spricht, gerät er ins Schwärmen: „Viele Sachen hier haben eine Geschichte, ja eine Seele. Da gibt es ein Schränkchen aus der Kirche, Lampen aus einem Theater in Starnberg, alte Handmühlen, in denen die Hausfrauen früher ihren Kaffee gemahlen haben ... Was andere wegschmeißen, hebe ich auf."

Wie gut sich die beiden ergänzen, zeigt sich auch daran, dass Jens in einen Raum kommt und sofort eine Vision hat, während Jana für die Dekoration zuständig ist. „Da muss alles stimmen", betont sie.

Die Cafébetreiberin kannte bereits verrückte Café-Konzepte aus Berlin und fand, dass so etwas in einem Ort wie Tutzing nicht schaden könne. Der Erfolg gibt ihnen recht. „Wir wollen unsere Gäste ein bisschen auflockern, ein bisschen ‚kitzeln'", erzählt sie lachend. Da passt es auch, dass man auf der Karte eine Berliner „Stulle" findet. Die Kuchen backen Jana und ihre Mitarbeiterin Anneliese nach alten Rezepten der Oma (aber mit weniger Zucker) vor Ort und jeden Tag frisch.

„Unser Käsekuchen ist der Renner! Manche kommen nur deswegen", erzählt Jana. Die Eier kaufen sie am Ammersee. „Für die Qualität und den Geschmack setzen wir konsequent auf regionale Bio-Produkte."

Mehr Wohnzimmeratmosphäre als im Café Käthe geht nicht! Hier kann man Kaffee trinken, Kuchen essen und die restaurierten Möbel sogar kaufen.

65

Beim Kaffee kommen wieder Janas Berliner Wurzeln zum Tragen. „Unseren Kaffee beziehen wir von der ‚Berliner Kaffeerösterei', das ist die älteste Rösterei in der Hauptstadt."

Ihre Wahl fiel auf den karamelligen, kräftig-würzigen „Espresso Supremo Bio". Jens schmunzelt: „Jana hat mich zum Kaffeetrinken gebracht, vorher habe ich nur Tee getrunken. Wir sind immer in Cafés gegangen, in denen es richtig guten Kaffee gab. Das ist unser Maßstab. Guten Tee gibt es aber auch."

Beide sind sich einig, dass ihr Café ein Treffpunkt für die unterschiedlichsten Gäste sein soll. „Wir wollen einen Raum der Begegnung schaffen." Dies gelingt ihnen nicht nur in ihrem Café Käthe, sondern auch draußen im zauberhaften Außenbereich, der mit der gleichen Liebe und Hingabe gestaltet wurde.

Eines ist sicher, langweilig wird es hier sicher nicht. Nur auf eines müssen sich die Gäste des Café Käthe, das fußläufig vom Starnberger See entfernt liegt, einstel-

Jana und Jens haben wahrlich ein gutes Händchen für die schönen Dinge des Lebens.

Mohnkuchen nach Oma Lene

Für eine Springform (28 cm Durchmesser)

Zutaten für den Teig

240 g Mehl
100 g Zucker
1 Päckchen Vanillezucker
ca. 1 TL Backpulver
1 Prise Salz
1 Ei
130 g Butter / Margarine

Zutaten für die Füllung

½ l Milch
125 g Butter / Margarine
100 g Zucker
1 Päckchen Vanillezucker
60 g Gries
125 g gemahlener Mohn
2 kleine Dosen Mandarinen

Zutaten für die Streusel

100 – 120 g Butter
100 g Zucker
200 g Mehl

Für den Teig Mehl, Zucker, Vanillezucker, Backpulver und Salz auf der Arbeitsfläche gut vermischen. Ei und Butter hinzugeben und mit den Händen zu einem Mürbeteig verkneten. Danach für ca. 30 Minuten in den Kühlschrank stellen.

In der Zwischenzeit für die Füllung Milch, Butter, Zucker und Vanillezucker vermischen und kurz aufkochen lassen. Dann den Gries einrieseln und etwas aufquellen lassen. Anschließend den Mohn untermengen. Zwei kleine Dosen Mandarinen abtropfen lassen und vorsichtig in die Gries-Mohn-Masse mischen.

Für die Streusel Butter und Zucker mit dem Handrührgerät schaumig schlagen und danach das Mehl dazugeben. Kurz weiterrühren, bis Streusel entstehen.

Springform fetten und mit dem Mürbeteig samt Rand auslegen. Die etwas abgekühlte Mohnmasse einfüllen und mit den Streuseln bedecken.

Bei 180 Grad (Ober- und Unterhitze) für ca. 45 Minuten backen, bis die Streusel goldbraun sind.

len: Es verändert sich. Aufmerksame Beobachter werden feststellen, wie auf wundersame Weise Dinge an einen anderen Platz wandern, manchmal verschwinden und neue auftauchen. Es ist ein ewiger Zauber!

 Café Käthe Hallberger Allee 14, 82327 Tutzing, www.cafe-kaethe.com

⬡ 11

Bohne 37

„KLEINE DINGE KÖNNEN VIEL BEWIRKEN!"

Meistens ist es ja so, dass erst ein Café eröffnet wird und dann eines Tages daraus vielleicht eine mobile Kaffeebar hervorgeht, mit der die Cafébetreiber auch auf Veranstaltungen präsent sein können. Doch beim Bohne 37 lief es genau andersherum!

Stefanie Grewel und Ludwig Sanktjohanser waren zunächst jahrelang mit ihren auffälligen roten Apes der Firma Piaggo unterwegs, bevor sie im Oktober 2015 zusätzlich ihr Café Bohne 37 eröffneten. Zudem betreiben sie bis heute eine kleine Kaffeebar in der Markthalle Dießen.

„Viele sagen über uns: ‚Das sind die mit den kleinen roten Autos!' Wir haben also ein eindeutiges Erkennungsmerkmal, allerdings gibt es inzwischen auch noch ein Kaffeefahrrad." Während des Gesprächs merke ich schnell, dass die beiden es lieben, wenn sie einen fahrbaren Untersatz unter sich haben. Doch eigentlich haben beide in einem ganz anderen Beruf angefangen: Stefanie war Fotografin und Ludwig, den sie 2010 in einem Reitstall kennenlernte, war Grafiker, hatte aber immerhin zwanzig Jahre Gastronomieerfahrung.

„Eigentlich war ich mir sicher, so etwas mache ich nie wieder", erinnert er sich lachend. „Aber es ist etwas ganz anderes, mobil mit einem Ape und gutem Kaffee auf Märkten und Veranstaltungen unterwegs zu sein. Das macht richtig Spaß!"

Die Leidenschaft für Kaffee verbindet die beiden, genauso wie die Freude an ihrer kleinen roten Kaffee-Flotte und dem direkten Kontakt mit den Gästen. Als sie schließlich die Räume einer ehemaligen Werkstatt anmieteten, dachten Stefanie

und Ludwig zunächst nur an ein Lager für ihren mobilen Verkauf und die Markthalle. „Unsere bisherige Garage reichte einfach nicht mehr aus. Deshalb richteten wir ein größeres Lager ein und dann kam auch schon der Gedanke auf: ‚Na ja, wir können ja auch ein bisschen Kaffee ausschenken …‘"

Der Grund für ihre Zurückhaltung war, dass sie sich einfach nicht vorstellen konnten, dass in Dießen ein Café, das sich nicht direkt am See und zudem auch noch in einer ehemaligen Werkstatt befindet, funktionieren würde. Doch schließlich entstand ein richtiger Wohlfühlort, der seinen Werkstattcharakter in bestem Sinne bewahrt hat. Sichtbare Rohre an der Decke, eine holzverkleidete Theke, Hochstühle aus Stahlrohr und ein schlichtes, aber stilvolles Design schaffen einen angenehmen Kontrast zur Seeidylle, die man sonst am Ammersee gewohnt ist.

Zudem kann man im Laden herrlich einkaufen. Besonders das große Sortiment an veganen und vegetarischen Bio-Produkten fällt ins Auge. Dazu gibt es Espresso-

Mit ihren Apes der Marke Piaggo
sind Stefanie und Ludwig immer
noch viel unterwegs, auch wenn sie
im Bohne 37 einen festen Standort
gefunden haben.

kannen und Kaffeezubehör und vor allem natürlich hervorragenden Kaffee! Den haben sie intensiv gesucht, haben sich unzählige Röstereien angesehen, sich Probepackungen schicken lassen und diese verkostet. Bei „Merchant & Friends" (Seite 110) probierten sie schließlich einen Espresso: „Es war Liebe auf den ersten Schluck!", erinnern sich Stefanie und Ludwig heute. Selbstverständlich wurde dieser Kaffee, zusammen mit anderen fein ausgewählten Röstungen, ins Sortiment aufgenommen.

„Wir kennen die Kaffeehersteller persönlich. Das sind alles kleine Betriebe. Wir haben neben dem Kaffee von ‚Merchant & Friends' auch welchen von ‚Röstperle' und ‚Torrefaktum' im Angebot. Wir schenken immer einen Espresso der Woche aus, so kann man verschiedene Röstungen kennenlernen, und Filterkaffee gibt es natürlich auch."

Veganer und Vegetarier werden jubilieren, denn sie bekommen im Bohne 37 ganz selbstverständlich Hafermilch o. ä. in den Kaffee. Auch die wöchentlich wechselnde Speisekarte des Cafés präsentiert sich vegan bzw. vegetarisch. So locken beispielsweise Dinkel-Grünkern-Burger, Feta-Fladen, verschiedene Salate, Spirelli mit Linsenbolognese oder Chili con Tofu zahlreiche Genießer an die Tische. „Wir verarbeiten nur Bio-Zutaten und Produkte von kleinen regionalen Anbietern", betonen die Cafébetreiber.

Aus einer ehemaligen Werkstatt wurde ein stimmungsvolles Café.

Zitronenkuchen

Für eine Kastenform

Zutaten für den Teig

280 g weiche Bio-Butter
180 g Roh-Rohrzucker
1 Päckchen Vanillezucker (mit echter Bourbon-Vanille!)
5 Eier
400 g Weizenmehl
1 Päckchen Weinstein-Backpulver
150 ml Bio-Milch
4 Bio-Zitronen

Zutaten für den Guss

120 g Puderzucker
Saft einer halben Bio-Zitrone

Die Butter in einer großen Schüssel mit Zucker und Vanillezucker so lange rühren, bis sich der Zucker aufgelöst hat. Die Eier nach und nach unterrühren. Das Mehl mit dem Backpulver vermischen und abwechselnd mit der Milch unter die Butter-Ei-Mischung rühren. Mit einer Zestenreibe die Schalen von 4 Zitronen abreiben. 1 ½ Zitronen auspressen und den Saft dazugeben. Beides unter den Teig heben und anschließend in eine gefettete Kastenform geben.

Im vorgeheizten Backofen bei 160 Grad (Umluft) 50 Minuten backen.

Wenn der Kuchen ausgekühlt ist, mit dem Guss aus Puderzucker und Zitronensaft bestreichen.

„Dieser einfache Kuchen ist wunderbar zitronig, locker, aber dennoch gehaltvoll. Und das Beste: Er macht glücklich!"

Ihr Konzept verfolgen sie mit äußerster Hingabe. Dazu gehört auch, Müll möglichst zu vermeiden. Das Essen kann man in Weckgläsern mitnehmen. Zudem bauen Stefanie und Ludwig in einem Gemüsebeet eigene Kräuter an. „Bei uns kommen auf alle Gerichte Kräuter und essbare Blumen drauf." Was schließlich auf den Tellern landet, ist nicht nur von besonders guter Qualität, sondern auch ein Augenschmaus. „Die Optik", so betonen beide, „spielt auch eine große Rolle."

Diese Aussage verwundert ja eigentlich auch nicht, bei einer ehemaligen Fotografin und einem Grafiker. Mit ihrem Sinn für Qualität und Ästhetik haben sie jedenfalls eine Oase des Kaffeegenusses geschaffen, die es sich lohnt zu besuchen!

Bohne 37 Weilheimer Straße 9, 86911 Dießen am Ammersee, www.bohne37.de

12

SainerZeit

„CAFÉ MIT SCHÖNEN DINGEN!"

¶

Zum „Fuchsenschuster", so lautet der Name des 200 Jahre alten Hauses, in dem in früheren Zeiten zunächst eine Schusterei, dann eine Metzgerei und ein Schreibwarengeschäft eine Heimat fanden. Schließlich stand es zwei Jahre leer, bis sich am Seeshaupter Horizont eine völlig neue Nutzung abzeichnete.

Es ist Daniela Sainer und Anja Geßner zu verdanken, dass das alte Haus zu neuem Leben erweckt wurde. Nach dem Leerstand konnten sich die Schwägerinnen mit ihrem breit gefächerten Konzept bei der Gemeinde Seeshaupt durchsetzen. Dafür hatten sie extra ein Existenzgründerseminar besucht und sich beraten lassen. Im Juni 2018 war es dann soweit und das SainerZeit feierte Eröffnung. Dabei verwundert es kaum, dass das Café überall auf große Begeisterung stieß, ist es doch weit mehr als ein einfaches Café! Nicht weniger als Café, Laden und Touristeninfo gehen hier eine harmonische Symbiose ein und schaffen es so, Touristen und Einheimische gleichermaßen an einem Ort zusammenzubringen. Die Cafébetreiberinnen waren sich von Anfang an einig: „Wir wollten kein durchgestyltes Café und nichts von der Stange."

Der Name entstand zufällig: „Zuerst dachten wir an irgendetwas mit ‚See'. Doch dann hörte ich auf einer Zugfahrt ein Gespräch mit an, in dem jemand sagte: ‚Seinerzeit war alles schön.' Da ist mir das Wortspiel mit meinem Nachnamen eingefallen und Anja war sofort einverstanden", erinnert sich Daniela.

Entstanden ist ein Wohlfühlort, der der langen Geschichte des Hauses auf wunderbare Weise gerecht wird. „Die Möbel sind gebraucht und einiges – auch Geschirr – bekamen wir von Freunden. Es hat uns Spaß gemacht, sie so zu bearbeiten, dass

Daniela Sainer (links) und Anja Geßner (rechts)
füllen ein altes Haus mit neuem Leben.

sie hierher passen", erzählt Daniela. Das Ergebnis sind abgeschliffene Stühle und Tische mit einem Hauch Farbe und sehr gemütliche Lehnsessel, in die man sich sofort hineinfallen lassen möchte.

„An den Tischen haben unsere Freundinnen fleißig mitgeschliffen und -gestrichen, bis sie so waren, wie wir sie haben wollten", erzählen die Schwägerinnen. Die Mühe hat sich wirklich gelohnt und das unnachahmliche Interieur des Cafés wird durch altes Porzellangeschirr auf den Fensterbänken und -simsen ergänzt. Die formschönen Kannen und Tassen können auch gekauft werden. Genauso wie viele andere Dinge, die in den Regalen des Cafés auf Genießer warten: Schnaps aus einer kleinen Brennerei in Jenhausen, Wein aus Feldafing, Kaffee der „Röstperle", Tee der „Bioteaque" in Traunstein, eingewecktes Gemüse, Bücher von Autoren aus der Umgebung, Kunstwerke heimischer Künstler und

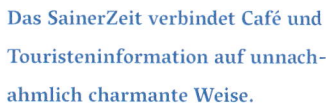

Das SainerZeit verbindet Café und Touristeninformation auf unnachahmlich charmante Weise.

Antiquitäten – man kann sich kaum entscheiden, was man mit nach Hause nehmen möchte.

Die Speisekarte macht es einem da auch nicht viel einfacher. Die Frühstücksvarianten tragen allesamt bayerische Namen: Zenzi, Burgl, Ignaz und Annamirl versprechen höchsten Genuss. „Wir versuchen alle Lebensmittel aus der Region zu beziehen und bieten nur das an, was uns auch selbst schmeckt", betonen die beiden Cafébetreiberinnen. Dazu passen auch die hausgemachten Kuchen und Torten, die jeden Tag vor Ort gebacken werden.

Den Kaffee findet man auf der Karte unter der verheißungsvollen Überschrift „Schwarzes Gold" – das dürfte auch der alten „Cimbali"-Espressomaschine hinter der Theke gut gefallen. Danielas und Anjas Wahl fiel auf den Bio-Kaffee „Schlaflos am See" der Rösterei „Röstperle" aus Seeshaupt. „Wir sind sehr bedacht auf Bio-Handel und Fair Trade."

Wenn man in so einem Sessel Platz genommen hat, möchte man nicht mehr aufstehen.

Beeren-Smoothie-Bowl mit Chiasamen

Zutaten für 1 Portion
1 halbe Avocado
1 halber Apfel
80 g Joghurt
100 g Beeren (Erdbeeren, Blaubeeren,
Brombeeren oder Himbeeren, diese können
auch 50/50 gemischt werden)

Die Zutaten zusammen in eine Schüssel geben
und mit dem Mixer oder Pürierstab ca. 1 Minute
auf höchster Stufe fein pürieren, dann in eine
Müslischale geben und mit den übrigen Beeren,
Kürbiskernen, Kokoschips und Chiasamen
garnieren. Am Schluss je nach Geschmack etwas
Zuckerrübensirup darüber geben.

Gemäß ihrer Philosophie haben Daniela und Anja auch ihre eigenen Brot-
zeit-Boxen entwickelt. Darin kann man sich sein Sandwich abholen und die Box
einfach unausgewaschen wieder abgeben. „So vermeiden wir Müll, was uns sehr
am Herzen liegt."

Dies alles wäre an sich schon Grund genug, um sich beim nächsten Ausflug an
den Starnberger See ohne Umweg ins SainerZeit zu begeben. Doch die Tatsache,
dass dieses Café auch die Touristenzentrale des Ortes beherbergt, die ebenfalls
von den beiden charmanten Frauen betreut wird, lässt wirklich keine Wünsche
mehr offen. In einem liebevoll gestalteten Nebenraum des SainerZeit findet man
alle Informationen, Flyer und Broschüren, die man für die Erkundung der Umgebung braucht. Dazu stehen die beiden Cafébesitzerinnen jedem hilfreich mit Rat
und Tat zur Seite.

Es lohnt sich, sich im SainerZeit auch Zeit zu nehmen. Hier gibt es zwar kein
WLAN, aber eine Leseecke, in der man bei einer guten Tasse Kaffee auch ganz entspannt zum Beispiel in diesem Buch blättern kann.

 SainerZeit Hauptstraße 4, 82402 Seeshaupt, www.sainerzeit.de

13

Hey Schaffner

„ANKOMMEN UND KUCHEN ESSEN!"

¶

Es kann so einfach sein: Regionalbahn ab dem Münchner Hauptbahnhof 14.32 Uhr, Ankunft Huglfing 15.17 Uhr – ohne Umsteigen. Perfekte Kaffee-und-Kuchen-Zeit. Und dann den Zug verlassen und das schöne Backsteingebäude des alten Huglfinger Bahnhofs betreten. Dort befindet sich nämlich eines der ungewöhnlichsten Cafés des Münchner Umlands. Doch wer jetzt eine karge und zugige Bahnhofshalle vor Augen hat, muss dieses Bild sofort wieder löschen, denn was Margot Asam und Alexandra Thieler hier geschaffen haben, ist bunt, wohlig, charmant – und ein wahres Kuchen-Paradies!

Eröffnet wurde das Hey Schaffner im September 2011 und es ist wohl auch der Initiative des Huglfinger Bürgermeisters Bernhard Kamhuber zu verdanken, dass es überhaupt dazu kam. Denn er wollte das alte Bahnhofsgebäude, das die Gemeinde von der Bahn gekauft hatte, vor dem Verfall retten. „Ich hatte im Gemeindeblatt davon gelesen. Man suchte nach Konzepten, den Bahnhof zu beleben", erinnert sich Margot.

Margot und Alexandra sind Nachbarinnen in Huglfing und hatten schnell die Idee zu einem gemeinsamen Café. Alexandra brachte einschlägige Erfahrungen mit: „Bevor ich nach Huglfing gezogen bin, hatte ich das Kindercafé ‚Freistunde' in München betrieben." Margot ist eigentlich Erzieherin. „Aber im Grunde ist das hier ja auch so eine Art Betreuung", wirft sie lachend ein. „Wir haben Gäste hier, für die ist es wichtig, dass es so einen Ort gibt. Sie wissen, wenn sie herkommen, können sie sich nett unterhalten und einen Kaffee trinken." „Einen guten Kaffee!", betont

Alexandra Thieler (links) und Margot Asam (rechts)
bereiten den Gästen einen herzlichen Empfang.

Alexandra. Sie erzählt, dass die Espressoma-schine eines der wenigen neuen Dinge war, die sie für ihr Café angeschafft haben. „Ich mag keinen Kaffee aus einem Vollautoma-ten, sondern eben einen richtig guten."

Um die Profimaschine auch perfekt be-dienen zu können, belegten die beiden Café-betreiberinnen einen Kurs in der „Murnauer Kaffeerösterei" (Seite 86). Ausgeschenkt wird ein „La Villa" der „Murnauer Kaffeerösterei" mit Aromen von Walnuss, Schokolade, Kara-mell und Mandel.

Legendär ist das Hey Schaffner inzwi-schen aber auch wegen seiner hausgemach-ten Kuchen: „Wir hätten niemals gedacht, dass die Leute so viel Kuchen – auch zum Mitnehmen – kaufen! Wir haben einen wahnsinnigen Bedarf hier. Am Wochenende können es schon mal 25 Stück sein", erzählt Alexandra.

Der Kuchen kommt nicht ohne Grund bei den Gästen so gut an. Alles wird frisch vor Ort und aus besten Zutaten gebacken und man kann dem Team dabei sogar zusehen! Ein direkter Blick in die Küche gewährt Aus-sichten auf das Kuchen-Eldorado.

Gäste und Cafébetreiberinnen kommen schnell und ungezwungen miteinander ins Gespräch. Bei der Gelegenheit kann man auch erfahren, dass die Bio-Eier vom „Bicklhof" in Peiting kommen, nur Din-kelmehl verwendet wird und die Rezepte von den Mamas und Omas stammen. Und der treffliche Name „Hey Schaffner", der hat nicht nur etwas mit der Lage zu tun, sondern ist der Titel eines Songs von Williams Wetsox, in dem sich jemand verzwei-

Wenn aus einem Bahnhofsgebäude ein Café wird, dann fühlt man sich, als hätte einen der Schaffner zu sich nach Hause eingeladen.

felt fragt, wann der letzte Zug nach Huglfing geht – es lohnt sich, in das Lied einmal reinzuhören!

Wer möchte, kann sich einen Platz am Fenster mit Blick auf die Schienen und einfahrenden Züge suchen und in der ehemaligen Wartehalle das Gefühl genießen, nach einer langen Reise endlich angekommen zu sein. Es fühlt sich ein bisschen so an, als hätte die Frau des Bahnwärters zu sich nach Hause ins Wohnzimmer eingeladen und würde nun Frühstück, Kuchen oder Mittagessen auftischen. Mittags wird darüber hinaus eine Tagessuppe, Toasts, Panini, Burger oder hausgemachte Piadina serviert. Im Sommer gibt es dazu noch Pöckinger Bauernhof-Eis.

Was wirkt wie die Wohnzimmereinrichtung des Schaffners, haben sich die beiden Cafébetreiberinnen sorgfältig „zsammgsucht". Vieles, auch Geschirr, wurde ihnen geschenkt. Nur die Bank der Wartehalle war schon vorher da. Und hinter mancher Glasscheibe kann man sich noch den Bahnbeamten vorstellen, der gleich die Klappe öffnet, um eine Frage zu beantworten …

Mandy, eine Mitarbeiterin, brachte sogar ein Klavier mit. „Das wird immer mal wieder von Klavierlehrern zum Vorspielen genutzt. Natürlich dürfen auch unsere Gäste darauf spielen und es gibt regelmäßig Konzerte und Veranstaltungen."

Alexandra, Margot und ihr Team kümmern sich wirklich liebevoll um jeden einzelnen Gast, auch um die, die es in unserer Gesellschaft nicht so leicht haben. Für diejenigen, denen Kaffee oder Kuchen zu teuer sind, gibt es einen sogenannten „Caffè sospeso". Bei diesem neapolitanischen Brauch kann man neben seinem eigenen noch einen weiteren Kaffee und / oder Kuchen kaufen, der dann auf einer Tafel notiert wird. Fragt ein Bedürftiger danach, bekommt er Kaffee und / oder Kuchen gratis!

Draußen vor dem Fenster fahren die Züge ein, drinnen genießt man die Ruhe und den hausgemachten Kuchen.

Piadina mit Ziegenkäse

Für ca. 10 Fladen

Zutaten für den Teig

600 g Dinkelmehl
Salz
etwas Olivenöl
1 Päckchen Trockenhefe
etwas Wasser

Zutaten für den Belag

Pesto Rosso
getrocknete Tomaten
frische Tomaten
Basilikumblätter
Ziegenkäserolle (in Scheiben geschnitten)

Zubereitung

Das Dinkelmehl mit etwas Salz und Olivenöl,
der Trockenhefe und so viel Wasser verkneten,
sodass ein fester Teig entsteht.
Kurz gehen lassen. Anschließend aus diesem Teig
mit dem Nudelholz ca. 10 hauchdünne Fladen
ausrollen.

Eine Pfanne sehr heiß werden lassen. Das Piadina
hineinlegen und kurz warten, bis der Teig etwas
aufgeht. Dann wenden und mit Pesto bestreichen.
Die anderen Zutaten für den Belag oben drauf
legen. Wieder kurz warten, bis der Käse anfängt
zu schmelzen.
Zusammenklappen und von beiden Seiten kurz
anbraten.

Eine weitere Besonderheit im Hey Schaffner ist es, dass man ein Regal mieten
und dort selbst gemachte Töpferware, Schmuck oder kleine Geschenke ausstellen
und verkaufen kann. Es gibt auch eine Second-Hand-Ecke und Bilderausstellungen.
Langweilig wird es einem also so schnell nicht in diesem Café direkt an der Bahn-
strecke nach Garmisch-Partenkirchen. Im Sommer lädt draußen ein wunderschö-
ner Biergarten zum Bleiben ein, in dem ebenfalls regelmäßig Konzerte stattfinden.

Und manchmal stürmen verzweifelte Fahrgäste ins Café. Wie gut, dass Margot
und Alexandra alle Abfahrtszeiten auswendig kennen – und gelegentlich auch
beim Fahrkartenkauf behilflich sind.

Einem Ausflug mit der Bahn steht also nichts im Wege, die Züge ab München
fahren übrigens im Stundentakt.

 Hey Schaffner Weilheimer Straße 30, 82386 Huglfing, www.cafe-heyschaffner.de

14

Murnauer Kaffeerösterei

„DES IS MEI ZWOATES DAHOAM!"

¶

Thomas Eckel strahlt noch heute, wenn er sich an seine erste bewusste Begegnung mit dem Thema Kaffee in den neunziger Jahren erinnert. „Ich war mit meinem Vater auf Hawaii, als dieser plötzlich rief: ‚Bua, bleib stehn, da is a Baum, der hat Blüten und Früchte gleichzeitig!'"

Vielleicht sind die beiden diesem sonderbaren Baum dann doch etwas zu nahegekommen, denn Vater und Sohn wurden vom Kaffeebauern mit den deutlichen Worten: „Please, don't touch my coffeetree!" zurechtgewiesen. Es sind aber genau solche Begegnungen, die Menschen unterschiedlicher Kulturen manchmal zusammenbringen. In diesem Fall kamen Thomas, sein Vater, ein ehemaliger Landwirt, und der alte hawaiianische Kaffeeplantagenbesitzer ins Gespräch. Dieser lud die beiden Männer zu einer ausgiebigen Besichtigung der Plantage ein und im Anschluss daran tranken sie gemeinsam einen Kaffee. Dieses Erlebnis hat Thomas tief geprägt, denn schon nach dem ersten Schluck fragte er sich: „Wenn des Kaffee is, was saufn mir dann dahoam?"

Zurück in Deutschland trank Thomas jedoch zunächst weiterhin Tee und begann sein BWL-Studium. Doch das Thema Kaffee ließ ihn nicht mehr los. „Ich hielt Ausschau nach Qualitätskaffees und mich interessierte, woher die Bohnen kamen."

Ein Zufall wollte es, dass er einer Frau begegnete, die für einen kolumbianischen Kaffeebauern Kaffee verkaufte. „Diese zweite schicksalhafte Begegnung machte mir schlagartig klar, dass Kaffee meine Welt werden würde. Jetzt wollte ich alles wissen."

Erste Schritte wagte Thomas, als er 2004 damit begann, privat Plantagen-Kaffee an Bekannte und Freunde zu verkaufen.

Schließlich ließ er sich 2006 in Wien von Prof. Leopold Edelbauer zum Chef-Diplom-Kaffee-Sommelier ausbilden. „Und weil das Erkennen von Qualität so entscheidend ist, hängte ich auch noch eine Ausbildung zum Q-Grader, zum Kaffeegutachter, dran."

Der Wunsch nach einer eigenen Rösterei nahm zunächst gedanklich Gestalt an, doch all sein Wissen half ihm nichts, als sich herausstellte, dass man nicht so einfach an hochwertigen Plantagenkaffee kommt. „Ich wollte ein Qualitätsprodukt, am besten direkt von einer Plantage, und keine Mischungen", erzählt der Kaffee-Sommelier heute. Der Weg dahin war nicht leicht, aber als die Murnauer

Wenn die Gäste ihre eigenen Tische und Stühle mitbringen, dann muss das schon ein ganz besonderer Ort sein!

Kaffeerösterei im Mai 2008 eröffnete, landeten schon die ersten Qualitätsbohnen in der
Röstmaschine. Allein die Ziele des Rösters
waren höher gesteckt.

Deshalb bewarb er sich um einen Platz
in der Jury beim „Cup of Excellence". Seit
2010 agiert Thomas hier als Juror und war
dafür in El Salvador, Kolumbien, Guatemala
und Ruanda. Diese Kontakte ebneten den
Weg zu einer vielfältigen und hochwertigen
Kaffeeauswahl, die die Murnauer Rösterei
bis heute auszeichnet. Im Jahr 2015 wurde
sie von dem Magazin „crema" zum Röster
des Jahres gewählt und gewann den bayerischen Mittelstandspreis.

Aus einer ehemaligen Lagerhalle, in der
Thomas vor Jahren noch jeden Morgen ab
fünf Uhr früh selbst am Röster stand, ist heute
ein ausgefallenes und sehr gemütliches Café
mit Loft-Charakter geworden. Er lacht, wenn
er an diese Verwandlung denkt. „Wir hatten
ursprünglich gar nicht vor, ein Kaffeehaus zu
eröffnen. In der Lagerhalle gab es neben der

Rösterei lediglich einen Platz, an dem man den Kaffee verkosten konnte. Das war
alles."

Schließlich waren es die Gäste, die den Weg wiesen. „Es gab eine Gruppe, die
wollte ihren Stammtisch unbedingt in unserer Halle veranstalten. Dabei hatten
wir nicht einmal einen Tisch!", erzählt Thomas. Den ersten samt Stühlen brachte
besagte Stammtischrunde dann kurzerhand selbst mit und schließlich kamen
immer mehr Gäste mit Tischen, Stühlen, Sofas und sogar Regalen. „Wir haben kein
Stück hier drinnen selbst gekauft. Unsere Gäste eroberten sich hier ihren Platz. Um
genug Raum für das Café zu haben, rösten wir inzwischen auch nicht mehr hier,
sondern haben unsere Röstmaschine in die Nähe von Weilheim ausgelagert."

Mich wundert nun auch nicht mehr, dass mich die Atmosphäre der Murnauer
Kaffeerösterei sofort für sich eingenommen hat. Die ungleichen alten Tische mit
den karierten Deckchen wirken wie zuhause, so, als seien die Bewohner nur kurz
vom Tisch aufgestanden.

Hier kann man Kaffee trinken, im hauseigenen Magazin „Kaffeelust" lesen, sich unterhalten und anschließend eine der vielen hochwertigen Murnauer Röstungen kaufen, die in Holzregalen im Kolonialstil präsentiert werden. Im Winter verbreitet ein Holzofen wohlige Wärme und wenn Thomas dann noch mit seinem Kaffeewagen eine „Melange Orangina" direkt am Tisch eines Gastes zubereitet, kann man sich kaum einen schöneren Platz vorstellen. Gesteigert wird das Wohlgefühl nur noch durch die Kuchen, die Thomas' Frau Angelika jede Woche selbst backt.

Und wer gerne mehr über Kaffee wissen möchte, wer verkosten, brühen, aufschäumen will, der kann einen der vielen Kaffeekurse im ersten Stock über dem Café besuchen, die von Michael, Thomas' Bruder, geleitet werden. Die Kurse sind vielfältig: Ob „Barista Grundkurs", „Wasser Grundkurs", „Latte Art", „Kaffeekunde", „Rösten", „Sensorik" oder „Brühen und Mahlen", der Profi-Barista und autorisierte

Das Herz der beiden Brüder Thomas und Michael schlägt für hochwertigen Qualitätskaffee. Den kann man hier verkosten oder kaufen.

Melange Orangina

Zutaten für 4 Portionen à ca. 120 ml
brauner Zucker
Zesten einer Bio-Orange
8 cl Cointreau
ca. 4 Tassen heißer Kaffee
Schlagobers (Sahne)

Zubereitung
Zunächst eine Kanne Kaffee mit dem Inhalt von
ca. 4 Tassen Kaffee vorbereiten. In einen kleinen
Kochtopf so viel braunen Zucker streuen, bis der
Boden schön bedeckt ist. Die Hälfte der Orangen-
zesten dazugeben. Anschließend alles vorsichtig
erhitzen, sodass der Zucker zu karamellisieren
beginnt.

Nun den Cointreau in den Topf geben und die
Flüssigkeit flambieren. Dazu verwendet man am
besten ein Stabfeuerzeug. Vorsicht: Die Flamme
entsteht dabei sehr plötzlich und ist hoch!
Alles mit etwa 2 Tassen Kaffee ablöschen.
Eventuell Klümpchen des karamellisierten
Zuckers durch langsames Rühren auflösen.
Alles abschmecken und nach Bedarf noch ein
wenig Kaffee dazugeben.
In Gläser füllen, Sahne und restliche Orangen-
zesten oben drauf geben, Strohhalm dazu und
das ausgefallene und herrlich aromatische
Kaffeegetränk genießen!

SCAE-Trainer (Speciality Coffee Association of Europe) Michael kennt sich bestens
aus. Ich habe auch einen seiner Kurse besucht und konnte erleben, wie unterschiedlich Kaffee schmeckt, wenn er langsam durch eine „Karlsbader-Kanne" tröp-
felt, mit einer „French Press" oder in einer Herdkanne zubereitet wird.

Mit dem neu gewonnenen Wissen genießt man die sechs Kaffeesorten, die
regelmäßig im Café ausgeschenkt werden, dann vielleicht sogar noch mehr. Das
Ambiente ist in jedem Fall einzigartig.

 Murnauer Kaffeerösterei Kaffeehaus, Am Mösl 4, 82418 Murnau,
www.murnauer-kaffeeroesterei.com

15

Schokoladenmanufaktur Krönner

„DER ZAUBER LIEGT IM ZUSAMMENSPIEL VON ROHSTOFF UND PRODUKT!"

¶

Könnte Johann Baptist Krönner seine Nachkommen heute sehen, er wäre stolz auf sie. Denn er hat 1759 den Weg für sie vorbereitet, als er sich als Lebzelter (Honig-bäcker), Wachszieher und Metsieder im niederbayerischen Moosburg niederließ.

Würde er heute nach Murnau in die Schokoladenmanufaktur Krönner kommen, könnte er feststellen, dass manche seiner Traditionen immer noch Bestand haben: Johann Baptist könnte – wie damals – hausgebrauten Met (Honigwein) trinken und in der Weihnachtszeit handverzierte Honiglebkuchen essen. Und doch würde er sofort spüren, dass sich seine Nachfahren auch weiterentwickelt haben und eigene, neue Wege gehen. Denn neben dem traditionellen Konditoren-Handwerk, dass man in den Dependancen der Krönner-Familie findet, wurde in Murnau eine Schokoladenwelt erschaffen. Und was passt besser zusammen als Qualitätskaffee, hausgemachte Kuchen und Grand-Cru-Schokolade!

2015 gesellte sich zu den bereits bestehenden Krönner-Häusern in Ober-ammergau, Murnau, Weilheim (im Modehaus Echter), Straubing und Garmisch-Partenkirchen ein weiteres hinzu. Bevor aber Barbara Krönner gemeinsam mit ihrer Tochter Martina und ihren Söhnen, den Chocolatiers Mike und Max, ihr Schokocafé in Murnau eröffnen konnte, wurde das Haus, in dem sich vormals eine Galerie befand, aufwendig restauriert und in eine „gläserne Schokoladenmanu-faktur" verwandelt. „Wir wollen, dass die Schokoladenwelt sichtbar ist", erzählt mir Barbara. Und es wurden ersichtlich weder Kosten noch Mühen gescheut, um das Schokoladencafé in einen äußerst sinnlichen Ort zu verwandeln. Mich hat das

Barbara Krönner mit ihren Söhnen Max (links)
und Mike (rechts)

Ensemble spontan ein bisschen an die „Villa Kunterbunt" erinnert. Hinter einer Umfriedung aus terrakottafarbenen Mauern werden die Gäste im Frühling und Sommer von einem zauberhaften und üppig begrünten Innenhof empfangen, in dem türkisfarbene Kissen auf Holzstühlen auf die Gäste warten. Insgesamt sorgt der Innenhof für ein mediterranes Gefühl.

Im Innern setzt sich das sichere Gespür der Cafébetreiber für eine gute Atmosphäre fort. Unübersehbar die Kuchentheke, die den Blick der Gäste auf sich zieht und jedem sofort klarmacht, dass hier echte Meister am Werk sind! Von der Agnes-Bernauer-Torte mit feinstem Nussbaiser und Moccabutter, über Prinzregententorte oder spanische Vanilletorte bis hin zum Baumkuchen gibt es alles und noch viel mehr.

Dazu die geschmackvolle Einrichtung in den zwei Räumen des Cafés und der alte Terrakottaboden. An den Wänden werden wechselnde Ausstellungen präsentiert, die der ursprünglichen Verwendung des Hauses als Galerie Rechnung tragen. Klare Linien, Industriedesign und ausgesuchte Möbel runden das Ambiente ab.

Wenn wie hier Schokolade und Kaffee zusammenkommen, ist das unwiderstehlich.

Doch das wahre Herz dieses besonderen Ortes schlägt im ersten Stock! Man muss nur dem Duft der Schokolade folgen und schon steht man mitten im Reich von Mike und Max. Hier sind sie in einer langen Glasvitrine aufgetürmt, die unwiderstehlichen Trüffel und Pralinen, die Tafeln, gespickt mit Nüssen oder Blüten, aus Vollmilch, Edelbitter oder in Edelweiß.

„Grand Cru", das steht nicht nur beim Wein, sondern auch bei der Schokolade für höchste Qualität. „Wir schauen genau hin, wo wir unsere Rohstoffe kaufen", erzählt mir Max. Tatsächlich unternimmt die Familie regelmäßig Reisen in die Anbaugebiete der Schokolade. „Wir bauen uns eigene Wege auf und wollen Verantwortung für den Rohstoff und die Menschen dort übernehmen", berichtet Barbara und man spürt mit jedem Wort, wie wichtig ihnen das ist. Davon zeugt auch der Aufruf unten an der Tür des Cafés, der mir sofort aufgefallen ist: „Wir sammeln Gummistiefel für Afrika!" ist dort zu lesen. Man benötige diese für die Bauern und Plantagenarbeiter, damit sie sich vor giftigen Schlangen schützen können.

Dieses Haus wird demnächst auch noch ein Museum beherbergen, das die eindrucksvolle Geschichte der Krönner-Familie dokumentiert.

Beschäftigt man sich mit der Familie Krönner, dann drängt sich einem das Gefühl auf: Was sie macht, das macht sie auch richtig! Dabei hatte Barbara ihren drei Kindern absolute Freiheit gelassen, was die Wahl ihres Berufs angeht. „Das ist mein Leben und ich wollte nicht, dass die Kinder sich gezwungen fühlen, mir zu folgen. Alle haben sich frei entschieden."

Doch vielleicht gibt es so etwas wie ein Konditoren-Gen in der Familie, das dem Vorreiter Johann Baptist Krönner zu verdanken ist? Jedenfalls machte Mike nach dem Abitur eine Lehre als Konditor und ist mittlerweile Konditormeister. Martina hat das Bäckerhandwerk gelernt.

„Auch Max hatte ich alles Mögliche angeboten", erzählt Barbara lachend. Seine Antwort war eindeutig: „Wieso derf i net lerna, wos i mog?" Nach seiner Ausbildung

Während die Gäste genießen, werden in der hauseigenen Chocolaterie schon neue süße Köstlichkeiten hergestellt.

Grand-Cru-Trüffel Vollmilch

Für ca. 50 Stück

Zutaten

150 g Rahm (mindestens 32 %)
30 g Invertzucker
30 g Butter
160 g Maracaibo Criolait 38 %
30 g Maracaibo 66 %
Vollmilch-Hohlkugeln

Zubereitung

Rahm, Invertzucker und Butter aufkochen,
mit den Schokoladenkuvertüren mischen und
homogenisieren. Die Canache abkühlen lassen
und dann in eine Hohlkugel geben.
Am besten ziehen die Trüffel über Nacht bei
Raumtemperatur an.
Die Trüffel am nächsten Tag mit Vollmilchschokolade verschließen, in Vollmilchschokolade tauchen
und über ein Gitter rollen.

Achtung: Frische Trüffel sind nur ca. 3 Wochen
haltbar.

zum Konditor in Deutschland sammelte er Erfahrungen im Ausland und brachte als Globetrotter neue Ideen mit nach Hause. Damit geht die Geschichte der
Krönners als Konditoren in die zehnte Generation. Ihre Kreativität beweisen
„die Jungs", wie Barbara sie nennt, jeden Tag aufs Neue. Die Auslage der
Schokoladenmanufaktur spricht für sich selbst. Wer die Vielfalt der Schokoladenwelt richtig kennenlernen möchte, kann eine Verkostung oder ein Semi-
nar im Haus besuchen.

Und weil zu köstlichen Kuchen und Schokolade unbedingt auch ein aus-
gezeichneter Kaffee gehört, wird in der Schokoladenmanufaktur Krönner ein
„El Castillo" mit feiner Schokoladennote aus der „Murnauer Kaffeerösterei"
(Seite 86) ausgeschenkt. Die Rösterei ist übrigens fußläufig in nur wenigen
Minuten zu erreichen.

Abschließend sei noch erwähnt, dass in der Schokoladenmanufaktur ein
hauseigenes Museum geplant ist, das die Geschichte der Familie auf ihrem Weg
vom Lebzelter zum Chocolatier erzählt. Ein guter Grund mehr, sich auf eine sinn-
liche Reise nach Murnau zu begeben.

 Schokoladenmanufaktur Barbara Krönner Seidlstraße 4, 82418 Murnau,

www.barbara-kroenner.de/schokoladenmanufaktur-murnau.html

16

Centro Kaffeebar

„GESCHMACKSSACHE STATT EINHEITSBREI!"

¶

Man sieht es nicht auf den ersten Blick, aber in dem denkmalgeschützten Garmischer Haus aus dem Jahr 1582 mit seiner prachtvoll bemalten Fassade befindet sich ein außergewöhnliches Café im Retro-Stil. Geführt wird es von Florian Nagel, den hier aber alle nur Flo nennen.

Flo hat sein Centro im Oktober 2010 eröffnet und seinem Café ein wirklich einmaliges Innendesign verpasst. Man merkt sofort, wenn man hereinkommt: Das hier ist etwas ganz Besonderes! Und der Cafébetreiber steht dem in nichts nach, denn Flo belebt diesen Ort mit ungezwungener Herzlichkeit und Kompetenz. Man fühlt sich sofort wohl. Doch – wie so oft – steckt viel Arbeit dahinter!

Kaum hat man das Centro betreten, beschleicht einen die Ahnung, dass dieser Raum früher einmal ganz anders genutzt worden sein könnte. Das Tonnengewölbe des Raums und die Holzvertäfelung der Decke, die sich an den Seitenwänden hinunterzieht, erinnern deutlich an ein Fass! Ein Eindruck, der von Flo sofort bestätigt wird: „Früher war hier mal eine Kneipe."

Das war damals sein großer Traum. „Aber mit der Nachtarbeit, das ging irgendwann nicht mehr", erzählt der Chef des Centro, deshalb habe ihm seine Frau Sandra nahegelegt, was anderes daraus zu machen.

„Kaffee mochte ich schon immer und ich bin gern unter Leuten, es war irgendwie naheliegend, ein Café aufzumachen. Dafür habe ich aber erst mal gefühlt 32 Tonnen Beton hier rausgeholt und die Holzdecke mit dem Sandstrahler bearbeitet. Wir haben den kompletten Umbau selbst gemacht."

Genau das spürt man, wenn man sich im Centro umsieht. Von der einstigen schummrigen Kneipenatmosphäre ist nicht viel übrig geblieben. Große Fenster spenden viel Licht, ausgesuchte Retromöbel sorgen für Behaglichkeit, kommen aber alles andere als verstaubt rüber. Das Centro ist einfach cool! Stühle mit Rückenlehnen aus Leder, ein altes Radio, ein Nierentisch mit Mosaiksteinen, dazu Tische und Stühle, wie man sie von den Großeltern kennt. Und an der Stirnseite des Cafés, direkt hinter der Kaffeebar, steht stolz ein altes Küchenbüfett aus Holz.

„Für mich war's früher bei der Oma immer am schönsten. Der Tisch ist von ihr. Es muss nicht chic sein, aber gemütlich", erklärt mir Flo. Es ist ihm wichtig, dass sich jeder im Centro zuhause fühlt. Die Tische sind gebraucht und die Zuckerdosen hat er vom Flohmarkt. Er verrät mir schmunzelnd, dass es auch noch ein Lager mit weiteren Möbeln und Geschirr gibt. Für Ersatz ist also immer gesorgt. Man spürt die Leidenschaft, mit der sich Flo um sein Café und seine Gäste bemüht, und damit ist er nicht allein. „Denn", so

sagt er, „eigentlich ist meine Frau die Chefin. Sie hat die Ideen, treibt mich an, macht die Buchhaltung, den Einkauf und vieles im Hintergrund. Ich bin eher an der Front."

Während wir uns unterhalten und Flo für seine Frau Sandra schwärmt, steht diese gleich nebenan in ihrem Tabacchi-Laden, von der Art, wie es heute kaum noch welche gibt. Der Laden wurde mit der gleichen Liebe zum Detail hergerichtet wie das Café. Wer zum Kaffee also eine Zeitung lesen will oder Lotto spielen möchte, wird dort bestens bedient.

Das einzigartige Retro-Café mitten in Garmisch-Partenkirchen lädt zum Verweilen ein, manchmal ist Flo alias „Herr Bohne" aber auch mobil unterwegs.

Im Centro hat man das Gefühl, die Zeit ein wenig anhalten zu können. „Hierher kann man auch in der Arbeitshose zum Kaffee-trinken kommen. Hier werden Aufträge erteilt und das Business besprochen oder man trifft sich einfach auf einen Ratsch."

Das Café-Team umfasst neben dem Ehe-paar noch drei weitere „Mädels", wie Flo seine Mitarbeiterinnen nennt. „Auf sie kann ich mich hundertprozentig verlassen. Wir können die Uhr danach stellen, wer kimmt, und meine Madels wissen genau, wer was trinkt."

Jeden Tag pünktlich um sechs Uhr kommt Flos Bruder Nic und trinkt seinen Kaffee. Er ist als Schriftsetzer für die formvollendeten handgeschriebenen Tafeln verantwortlich.

Fast beiläufig erwähnt Flo, dass er im „Rühl", einer der ältesten Konditoreien in Garmisch-Partenkirchen, Konditor gelernt hat. Viele der Kuchen kommen noch von dort oder von der „Bäckerei Nuss" in Farchant.

Was den Kaffee angeht, war es für Flo eigentlich selbstverständlich, dass dieser aus der „Wildkaffee Rösterei" (Seite 104) aus Garmisch stammen muss. „Mir san aufm Dorf, da kennt man sich und unterstützt sich gegenseitig."

Er hat alle Röstungen durchprobiert und dabei eine ganz klare Meinung vertreten: „Mein Kaffee soll nicht nach Grapefruit oder Blaubeere schmecken, sondern nach Kaffee." Die Wahl fiel schließlich auf einen kräftigen, fein-nussigen und schokoladigen „Torello Espresso".

Wenn sich ein Cafébetreiber Sieb-träger auf die Handrücken tätowieren lässt, dann muss sein Verhältnis zum Kaffee sehr innig sein.

Eipresso mit selbst gemachtem Eierlikör

Zutaten für den Eierlikör
8 frische Eigelb
1 Päckchen Bourbon-Vanillezucker
250 g Puderzucker
1 Dose Kondensmilch (340 ml, 7,5 % Fett)
¼ l weißer Rum

Zutaten für den Eipresso
1 cl Eierlikör
1 Espresso (kräftig)
etwas Sahne

Zubereitung
Für den Eierlikör das Eigelb und den Vanillezucker in einer Schüssel verrühren. Nach und
nach Puderzucker, Kondensmilch und Rum
unterrühren. Die Eierlikör-Masse mit dem
Schneebesen des Rührgeräts über einem heißen
Wasserbad ca. 6 Minuten dickcremig aufschlagen.
Für den Eipresso 1 Zentiliter Eierlikör in ein
kleines Glas füllen. Einen kräftigen Espresso
drauflaufen lassen. Mit einem Tupfer Sahne
garnieren.

Haltbarkeit: Selbst gemachter Eierlikör hält sich
gut verschlossen im Kühlschrank ca. 4 Wochen.

Vor drei Jahren hat sich Flo dann noch einen Nagetusch-Wohnwagen gekauft, den er zu einem Kaffeewagen umgebaut hat. Damit ist er an 27 Wochenenden im Jahr als „Herr Bohne" auf Tour.

Ich bin wirklich begeistert, mit welchem Enthusiasmus Flo in Sachen Kaffee unterwegs ist. Aber eigentlich macht er auch gar kein Geheimnis aus seiner Lei-denschaft, sondern trägt sie für alle sichtbar auf seinen Handrücken spazieren – als Tattoos in Form von Siebträgern.

 Centro Kaffeebar Bankgasse 5, 82467 Garmisch-Partenkirchen, www.centro-kaffeebar.de

17

Wildkaffee
Rösterei & Café

„JETZT WIRD ES WILD!"

¶

Leonhard Wild trägt seinen Namen zu Recht. Denn die Geschichte von ihm und seiner Frau Stefanie, die gemeinsam die Wildkaffee Rösterei leiten, ist tatsächlich wild! Sie beginnt kalt mit Eis und Schnee und wird schließlich bis zu 600 Grad heiß.

Beide haben eine erfolgreiche sportliche Karriere hinter sich: Stefanie gewann WM-Gold im Slalom der Junioren, holte insgesamt vier Medaillen und ist aktuell Rennleiterin des Ski-Weltcups in Garmisch-Partenkirchen. Ihr Mann Leonhard stand in der Eishockey-Bundesliga (Kölner Haie, Augsburger Panther und EHC München) im Tor. Verletzungsbedingt suchten beide irgendwann nach neuen Möglichkeiten und landeten schließlich über Umwege beim Kaffee. Es dürfte tatsächlich absolut einzigartig sein, dass zwei Spitzensportler zu so erfolgreichen und beliebten Kaffeeröstern wurden.

„Wir haben sogar mal bei einer bekannten Sandwich-Kette gearbeitet, aber das war nichts für uns. Nur eines war fast wegweisend: Wir machten mehr Umsatz mit Kaffee als mit den Sandwiches!" Leonhard erzählt mir, dass er schon immer gern Kaffee getrunken hat und bereits 2004 mit seiner Frau erste Barista-Kurse besuchte. Doch bevor sie 2008 in Garmisch-Partenkirchen ihre eigene Wildkaffee Rösterei und das Café eröffnen konnten, war es ein langer und beschwerlicher Weg. „Wir hatten keine Erfahrung. Deshalb haben wir viele Reisen in die Ursprungsländer unternommen und enorm viel Kaffee verkostet. Vermutlich habe ich tausend Kilo zum Üben verröstet. Meine Röstprofile schrieb ich mit der Hand. Am

Anfang war es es wirklich nicht einfach mit der Selbstständigkeit."

Doch Leonhard erzählt mit viel Leichtigkeit in seiner Stimme von seinem Weg zur eigenen Rösterei und ich merke, dass für ihn, seine Frau und sein Team Höchstleistungen auch in dieser Branche ganz selbstverständlich dazugehören und sie ihr Wissen ständig erweitern. „Wir haben viel gelernt, vor allem Goran Huber vom ‚Kaffee-Institut' in Innsbruck hat uns sehr geholfen."

Heute ist die Wildkaffee Rösterei eine Institution in Garmisch-Partenkirchen, beliefert aber auch viele Kunden weit darüber hinaus. Rösterei und Café wurden aus Platzgründen inzwischen räumlich getrennt und stellen damit zwei Hotspots der Kaffeekultur in Garmisch-Partenkirchen dar.

Übrigens schlüpfte Leonhard, ohne es zu wissen, in die Fußstapfen seines Urgroßvaters Leonhard Panholzer, der 1892 ebenfalls schon selbst geröstet und Kaffee verkauft hat. Die neue großzügige und moderne Showrösterei seines Urenkels würde ihm sicher gefallen, denn sie ist ein Fest für alle Sinne. An einer Theke kann man die vielen Sorten verkosten und sich von den unterschiedlichsten Aromen verführen lassen. Doch Leonhard und sein Team geben ihr Wissen auch weiter: „Unsere Vorträge kommen bei unseren Kunden sehr gut an und ein Highlight für uns alle sind die regelmäßigen Farmertreffen. Wir schätzen diesen persönlichen Kontakt sehr."

Für Leonhard ist „Direct Trade" enorm wichtig: „Wir kennen die Farmer, bei denen wir unseren Rohkaffee beziehen. Jedes Jahr besuchen wir ein bis zwei Farmen und

Benni führt das Wildkaffee Café mit Herzlichkeit und hochwertigen Produkten. Der Kaffee stammt ausschließlich aus der Wildkaffee Rösterei.

machen uns vor Ort einen Eindruck." Er berichtet von der gegenseitigen Anerkennung, vom Stolz der Farmer auf ihr Produkt und darüber, wie wichtig es ihm persönlich ist, mit einem guten Gewissen zu arbeiten.

All diese Umsicht, Liebe und Begeisterung spiegelt sich in den zahlreichen Sorten wider, in der „Wilden Milde", deren Namensgeberin Leonhards Mutter Barbara ist, im „Wilderer Espresso", im „Ruanda Espresso", im „Panama Baru Black Mountain" und in den vielen anderen. „Jede Röstung hat eine eigene Identität und wir holen das Beste aus dem Kaffee heraus."

Bevor ich die Rösterei verlasse, bleibe ich noch kurz vor einem großen Wandbild stehen. Darauf sind unter anderem ein Elefant, ein Ski und ein Hockeyschläger zu sehen – hier kommt eben alles zusammen ...

Das zugehörige Café Wildkaffee liegt nur ein paar Hundert Meter entfernt in der Nähe des Bahnhofs. Eröffnet hat es Leonhard Wild im Jahr 2014, denn „die Leute wollten zu uns kommen und den Kaffee vor Ort genießen."

Oben links: Ein großes Wandgemälde zeugt von der Vergangenheit der beiden Profisportler Stefanie und Leonhard und von ihrem Weg zur Spitzenrösterei. Oben rechts: Leonhard Wild ist Perfektionist.

Wildkaffee-Wölkchen

Zutaten für 1 Portion
1 Glas (200 ml)
etwas Orangenzeste
1 Espresso
lactosefreie Milch

Zubereitung
Die Innenseite des Glases mit Orangenzeste komplett einreiben. Anschließend den frischen Espresso ins Glas geben. Die lactosefreie Milch mithilfe eines Mixers kalt aufschäumen und auf den Espresso geben. Das fertige Glas mit Orangenzeste dekorieren und genießen.

Inzwischen wurden Show-Rösterei und Café räumlich getrennt. Benni Fleischhacker, der selbst lange in der Rösterei mitgearbeitet hat und deshalb mit allem „Wilden" bestens vertraut ist, führt das Café seit Anfang 2018 mit Herz und Verstand. „Wir produzieren alles selbst, möglichst regional und in unserer kleinen Küche."

Bennis Herzlichkeit kommt bei den Gästen gut an, die sich ganz offensichtlich wie zuhause fühlen. An der Theke und im großzügigen Außenbereich sind bei meinem Besuch alle Plätze besetzt und es wird fröhlich geplaudert. Das Café Wildkaffee ist ein Ort zum Wohlfühlen! Es gibt einen Mittagstisch mit Salaten, Suppen, Quiches oder Nudelgerichten, außerdem eine große Auswahl an Kuchen. „Alles ist hausgemacht. Wir haben hier drei Damen in der Küche, die sich wunderbar ergänzen. Deshalb gibt es klassische Kuchen, aber auch ausgeflippte, besondere und moderne. Beispielsweise unsere Oreo-Torte."

Kaffeespezialitäten aus der Wildkaffee Rösterei werden mit Heumilchschaum serviert. „Auch wenn es stressig wird, wir machen hier alles mit Liebe", betont Benni, dem ich das sofort glaube. Denn seine Hingabe und die seines Teams spürt man auf jedem Teller und in jeder Tasse deutlich.

Nach dieser sportlichen und kulinarischen Reise habe ich nur den Wunsch, dass ich bald wiederkommen kann.

 Wildkaffee Café Bahnhofstraße 40 – 42, 82467 Garmisch-Partenkirchen, www.wild-kaffee.de

18

Merchant & Friends

„KAFFEE IST ABENTEUER!"

Wie wird ein Medizinischer Fachangestellter zum Kaffeeröster? Stellt man Andi Merchant diese Frage, wird er vermutlich schmunzelnd erzählen, dass er schon immer gerne alte Espressomaschinen repariert bzw. restauriert hat. Und das macht er bis heute in der hauseigenen Werkstatt von Merchant & Friends und hat dazu auch eine klare Meinung: „Das hier ist mehr als ein Arbeitsplatz, es gibt tolle Technik – ein idealer Spielplatz für Männer. Wir arbeiten hier gar nicht, wir spielen!"

Privat kaufte er seinen Kaffee auch früher schon von kleinen Röstereien. Zusammen mit seiner Leidenschaft für Kaffeemaschinentechnik ergab sich daraus irgendwann ein neuer Berufswunsch: „Ich wollte raus aus meinem Job, etwas ganz anderes machen und doch nahe an den Menschen sein. Als Kaffeeröster oder hier an der Espressobar ist man immer informiert und bekommt viel mit."

Eröffnet wurde die Merchant & Friends Rösterei im Oktober 2009 zum Erntedankfest auf dem Gelände und als Teil der Herrmannsdorfer Landwerkstätten in Glonn. Herrmannsdorf ist der Mittelpunkt eines Netzwerks von ökologisch wirtschaftenden Herstellern und Partnern. Sie stehen für einen achtsamen Umgang mit allem Leben und Lebensnotwendigen.

Dass man heute auf dem Herrmannsdorfer Areal, genau genommen zwischen Handwerkstatt und Brennerei, in der Ostscheune, inmitten der eindrucksvollen großen, schwarzen Röstmaschinen auch Kaffee genießen kann, war die Folge einer Eingebung. „Ich habe einfach mal aufgesperrt und geschaut was passiert", erzählt Andi. Es wundert mich nicht, dass die Gäste von Anfang an begeistert waren. Auch

ich kann mich der Faszination dieses Ortes nicht entziehen. Momentan hat der Cafébereich zwar nur am Wochenende geöffnet, die Öffnungszeiten sollen aber künftig ausgebaut werden.

In der Rösterei gibt es genau genommen nur einen einzigen großen, hölzernen Tisch und man sitzt inmitten von Kaffeesäcken, der Verpackungsstation und gebrauchten oder neuen Espressomaschinen, die zum Verkauf angeboten werden. Direkt in diese Werkstattidylle wurde eine lange Espressobar eingebaut, an der man die verschiedenen Röstungen von Merchant & Friends probieren kann. Auf der Unterseite einer Kaffee-Verpackung entdecke ich den treffenden Spruch: „Qualität bedeutet, die Dinge richtig zu machen, auch wenn keiner hinschaut."

Der köstliche hausgemachte Kuchen kommt von Andis Ehefrau Mira, die auch dafür verantwortlich ist, dass er überhaupt auf dem Gelände in Herrmannsdorf gelandet ist.

„Meine Frau ist wichtig. Es gibt ganz viele Sachen, die ohne sie nicht funktionieren würden", schwärmt der Röster. Denn es war anfangs gar nicht leicht für die Rösterei, in der Herrmannsdorfer Gemeinschaft Fuß zu fassen.

„Die Lieferkette ist eine große Herausforderung. Es muss ja alles bio sein! Das war und ist beim Rohstoff Kaffee nicht einfach. Bio-Kaffees sind eine Rarität!" Doch Andi hat sich mit seinem Team, das inzwischen aus zwölf Mitarbeitern besteht, durchgekämpft. „Wir vernetzen uns mit den Bauern. Es ist alles bio, der Zucker, die Demeter-Flaschenmilch, die Heumilch, der Kuchen – einfach alles. Dafür stehen die Herrmannsdorfer Landwerkstätten. Wir sind froh, hier zu sein."

Einmal folgte Andi einem Rat von Karl Ludwig Schweisfurth, dem Gründer von Herrmannsdorfer, der sagte: „Buddel in der Erde und du wirst sehen." „Ich habe das wirklich im Garten gemacht und diese Arbeit hat mich befreit. Bio ist nicht nur ein Business – man kann es durchaus auch kritisch sehen. Ich suche die, die wirklich mit Herz und Lust dahinterstehen."

Für mich ist Andi Merchant der Philosoph unter den Röstern und ich könnte ihm ewig zuhören, wenn er davon erzählt, wie er die Händler vor Ort besucht und

Das Logo der Rösterei Merchant & Friends ziert ein Steinbock, der sich auch in schwindelerregenden Höhen auf einzigartige Weise fortbewegen kann.

dass „man Kaffee unbedingt genießen sollte. Die Mühe der Farmer, die Herstellung und Verarbeitung der Kaffeebohnen bedeuten harte Arbeit und dies hat Wertschätzung verdient."

Um den bestmöglichen Genuss zu gewährleisten, ist der Röster in der Gründungsphase auch in die Anbauländer gereist. „Ich wollte einfach das Beste." Um zu erklären, was das Besondere der verschiedenen Röstungen ausmacht, wird Andi kreativ: Beim „Caffè del Moarino" singen „drei Provinzen im Chor", der „SEVENth" hat „viel Kraft" und der „Ethiopia Sidama" steht für „traumhaftes Äthiopien".

Man spürt, wie viel Freude Andi daran hat, den Röstungen charakteristische Beschreibungen zu geben. Er lacht, als ich ihn darauf anspreche – für ihn ist das alles selbstverständlich: „Wir haben einfach Bock auf hervorragenden Kaffee! Deshalb hat sich Merchant & Friends auch für einen Steinbock als Logo entschieden."

Eine Rösterei ist ein Spielplatz für Männer, sagt Andi Merchant.

Hausgemachtes Crunchy

Für ein Kuchenblech

Zutaten

375 g Haferflocken
50 g grob gehackte Mandeln
50 g Walnüsse
50 g Sonnenblumenkerne
50 g Kürbiskerne
40 g Kokoschips
60 g Cashewkerne
50 g Olivenöl
80 g Ahornsirup
Zimt und Salz

Zubereitung

Die Haferflocken, Nüsse und Kerne in einer Schale miteinander vermischen. Als nächstes die Kokoschips dazugeben. Alle Zutaten gut mit dem Olivenöl und dem Ahornsirup vermischen. Ganz zum Schluss ordentlich mit Zimt und Salz abschmecken und auf ein Backblech geben. Das Crunchy bei 150 Grad (Ober- und Unterhitze) ca. 45 Minuten rösten.
Damit alle Zutaten gleichmäßig gebacken werden, sollten diese alle 15 Minuten gut durchmischt werden.
Das fertige Crunchy gut auskühlen lassen. Erst dann wird es so richtig knusprig.

Wir servieren unser Crunchy mit frischer, fetter Heumilch und naturbelassenem Joghurt. Cranberrys nach Belieben dazugeben und mit vielen frischen Beeren und einem Minzblatt servieren.
„Unser selbst gemachtes Crunchy kommt ganz ohne Zucker aus und ist eine gesunde Variante zum industriell hergestellten Knuspermüsli."

Nur ein Meister kann sich in den schwindelerregenden Steilhängen des Hochgebirges so einzigartig fortbewegen. Auf dem Hof der Herrmannsdorfer Landwerkstätten entstehen in diesem Sinne jeden Tag tolle Kaffees und grandiose Espresso Blends.

Ich würde gerne noch länger hier sitzen bleiben, den Geräuschen lauschen, Kaffee trinken – einfach den Röstern ein bisschen bei der Arbeit zusehen. Zum Schluss komme ich noch einmal in den Genuss von Andis Philosophie: „Wir bleiben hier allesamt mit den Füßen auf dem Boden. Was ist Erfolg? Nicht der Umsatz ist das Wichtigste, sondern dass wir Menschen begeistern." Genau.

 Merchant & Friends The Coffee Roasters, Herrmannsdorf 6b, 85625 Glonn,
www.merchantandfriends.com

ami – klein & fein

„WIR WOLLTEN EINEN TOLLEN PLATZ!"

Südlich von München, am Hochufer der Isar, liegt der Ort Pullach. Schon viele Münchner sind dem Weg gefolgt, den sich die Isar in die Schotterebene gegraben hat. Grün ist es und die Kiesbänke lassen einen vergessen, wie nahe man der Stadt ist. Hier kann man die Seele baumeln lassen. Aber echtes französisches Flair? Das erwartet hier, mitten in Oberbayern, wohl niemand ...

Einen wirklich schönen Platz haben sich Sabine Buschmann und Gabriele Epple für ihr Café ausgesucht. Vor dem anmutigen Café ami sprudelt ein Brunnen, um den sich im Sommer sechs kleine Tische gruppieren, Bäume spenden Schatten und gleich nebenan befindet sich der Laden „La Bastide – Schönes aus der Provence". Dieses Ensemble lässt tatsächlich sofort frankophile Gefühle aufkommen. „Ami" das bedeutet „Freund" und so möchten die beiden Cafébetreiberinnen auch ihren Gästen gegenüber auftreten. „Den Namen für unser Café zu finden, war das Schwierigste. Er ist wie ein Versprechen, das wir unseren Gästen geben."

Eröffnet haben die beiden im Oktober 2016 und wer heute ins ami kommt, der denkt vermutlich, wie schön, wie harmonisch die Einrichtung ist – französisch, in Pastelltönen, chic und ausgewogen, klein und fein eben. Doch Sabine und Gaby können Geschichten davon erzählen, dass das nicht von Anfang an so war. Vor allem ein Satz fällt immer wieder: „Bei uns war Plan B oft die bessere Wahl!"

Kennengelernt haben sich die beiden Frauen über ihre Kinder. Irgendwann saßen sie in einem Café und erzählten aus ihrem Leben. Sabine hatte eine Hotelfachlehre gemacht und brachte Erfahrungen aus ihrem ersten Café im Lehel mit.

Ihre Eltern hatten ein Weinlokal und ihr bester Freund war Koch. „Das Gastro-Gen war stark in mir!", erzählt sie und dass schon ihre Mutter immer gesagt hat: „Koch, was du kannst." „Mit der Zeit habe ich durch die Übung immer mehr dazugelernt."

Und auch Gaby hatte in der Gastronomie gearbeitet, bevor sie sich auf eine Weltreise begab. Auf dieser Reise führte sie Buch darüber, was sie noch alles in ihrem Leben machen wollte. Ein Punkt auf der Liste war der Wunsch nach einem eigenen Café. „In einem Café in Argentinien wurde dieser Traum dann richtig lebendig. Ich weiß noch, da konnte man in jedem Raum Kaffee trinken, es war wie zuhause!"

Bei den beiden Cafébetreiberinnen zuhause sieht es sehr unterschiedlich aus. Aber in ihrem ami, da finden sie zusammen, da bilden die beiden fröhlichen Gastgeberinnen eine harmonische Einheit. Man kann sich kaum vorstellen, dass es jemals anders war …

Am Anfang waren die Wände noch grau, bevor sie stilvoll zartrosa und mit feinen Blumen und Schwalben erblühten. Die Bilder an den Wänden stammen von den eigenen Kindern oder sind Geschenke der Malschule Pullach. Die kleinen Künstler haben das Thema „Freund(e)" vortrefflich eingefangen, so, wie es eben nur Kinder vermögen. Sabine und Gaby legen großen Wert auf die kleinen Dinge, die den Aufenthalt im ami so einzigartig machen. „Wir wurden von unseren Männern belächelt, weil wir sogar über die Zuckerdosen diskutiert haben."

Das ami verspricht ein bisschen französisches Flair am Hochufer der Isar.

Das ami hat sich auch durch die Gäste entwickelt und man spürt die Freude der Pullacher darüber. Das Speisenangebot ist fein und französisch inspiriert. Alles ist selbst gemacht, nur die Brioches, Croissants und auch Macarons kommen – wie kann es anders sein – aus Frankreich. Sogar die Smoothies tragen französische Namen. Daneben gibt es Quiches, jeden Tag zwei Suppen, Panini und Salate. Frühstücken kann man hier natürlich auch, und zwar wie Gott in Frankreich, denn alles ist frisch und herrlich angerichtet. Nur den Kaffee, den haben Sabine und Gaby nicht in Frankreich gefunden. Für diesen haben sich die beiden Cafébetreiberinnen in ganz Bayern umgesehen und wurden schließlich in Kolbermoor fündig. Denn dort haben sie in der Rösterei „bohnenreich" den perfekten Partner für ihre hohen Ansprüche gefunden.

Feine Etageren gefüllt mit knusperfrischem Gebäck – „unter Freunden" kann man den Alltag leicht vergessen.

amis Käsekuchen

Für eine Springform (28 cm Durchmesser)

Zutaten für den Boden

1 Handvoll Amarettini
100 g Mehl
40 g Zucker
40 g Butter
1 Ei
1 gestrichener TL Backpulver

Zutaten für die Teigmasse

150 g weiche Butter
250 g Zucker
3 Eier (Größe L – XL)
2 Päckchen Vanillezucker
1½ Packungen Vanillepudding
750 g Quark (20 % Fett i. Tr.)
2 Becher saure Sahne
2 Becher Schlagsahne

Zubereitung

Amarettini zerbröseln und mit den restlichen Zutaten verkneten. Die Springform mit Butter einfetten, den Teig zerbröseln und nur auf den Boden verteilen, sodass die Teigmasse nicht rauslaufen kann.

Butter, Zucker, Eier, Vanillezucker und Puddingpulver mit dem Rührgerät zu einer cremigen Masse verrühren. Danach Quark und saure Sahne hinzufügen. Die Schlagsahne in einem separaten Behälter schlagen und mit einem Schneebesen zur restlichen Masse geben und unterheben. Teigmasse in die Form füllen, sodass die Form dreiviertel voll ist.

Den Kuchen in einen vorgeheizten Backofen auf der mittleren Schiene bei 180 Grad (Umluft) 60 Minuten backen. Den Kuchen nach ca. 35 bis 40 Minuten, wenn er eine schöne Bräune hat, für die restliche Backzeit mit Backpapier abdecken. Den Kuchen langsam abkühlen lassen, damit keine Risse entstehen.

„Für unseren Käsekuchen reisen mittlerweile Gäste aus ganz München und dem Umland an."

Ein kleines Stück Frankreich mitten in Pullach, das lieben auch die Stammkunden, zum Beispiel die Damenrunde, die immer montags kommt. Zunehmend sind aber auch Männer unter den Gästen. „Der Ludwig kommt seit dem ersten Tag, liest seine Zeitung, trinkt einen Cappuccino und meldet sich extra ab, wenn er mal keine Zeit hat", erzählt Sabine.

„Wir haben einen Ort geschaffen, an dem Sie sich fühlen wie bei einem Freund – warm, geborgen und umsorgt" kann man auf der Karte des ami lesen. Besser könnte ich es auch nicht ausdrücken.

 ami – klein & fein Kirchplatz 9, 82049 Pullach im Isartal, www.cafe-ami.de

20

Supremo

„AUS LIEBE
ZUM KAFFEE!"

¶

Wer sich in der Kaffeeszene ein wenig auskennt, der hat den Namen der Rösterei Supremo sicher schon gehört oder ist vielleicht den auffälligen, goldenen Verpackungen der Marke irgendwo begegnet. Dass es aber in Unterhaching neben der Rösterei auch ein sehr schönes Café gibt, das wissen nur wenige. Zugegeben, von außen vermutet man hinter der schlichten Fassade mit dem Firmenlogo keinen solchen Ort des Kaffee-Genusses. Dabei gibt der Namen „Supremo" einen eindeutigen Hinweis, bedeutet dieser doch übersetzt so viel wie „das Höchste". Und ein Hochgenuss, der wartet tatsächlich hinter der Glastür der Rösterei. Neben den hauseigenen Röstungen hat das Supremo aber noch sehr viel mehr zu bieten!

Der heutige Junior-Chef Raphael Braune kann sich noch gut daran erinnern, als er zusammen mit seinem Vater, dem Geschäftsführer Bernd Braune, das erste Mal bewusst Röstereien wahrgenommen hat: „Es war in den neunziger Jahren in Kalifornien, dort war man damals schon einen Schritt weiter."

Aber es sollte noch bis Anfang 2006 dauern, bis die Supremo-Rösterei als Familienbetrieb eröffnet wurde. Vater Bernd arbeitete noch bis 2005 in der IT-Branche, Sohn Raphael schrieb seine Diplomarbeit als Grafiker, aber schon mit „Supremo" als Thema. Kaffee wurde für sie zu einer Leidenschaft und das fasst Raphael in einem Satz perfekt zusammen: „Es gibt keinen Tag ohne Kaffee!"

Bis heute entwirft er alle Verpackungen selbst. Sein Stil gibt der Marke ein unverwechselbares Gesicht.

Raphael Braune und seine Frau Sally tragen dazu bei, dass das Supremo einzigartig ist.

Doch das Supremo wäre nicht das Supremo, wenn nicht die Stärke der ganzen Familie dahinterstecken würde! Neben Raphael und seinem Vater Bernd ist auch Schwester Bianca mit von der Partie, Mutter Veronica sorgt für die stilvolle Einrichtung und Dekoration im Café und Raphaels Frau Sally sowie seine jüngere Schwester Rahel backen Kuchen. Die Zutaten sind überwiegend Bio-Qualität und für die Milch hat sich Raphael den Hof des Bauern persönlich vor Ort angesehen – hier wird nichts dem Zufall überlassen! Supremo steht eben für höchste Qualität und damit ist auch wirklich alles gemeint.

Von jedem Platz aus im Café hat man die große Theke im Blick und die Röstaromen der Bohnen in den zwei ständig laufenden Röstmaschinen in der Nase. Große Fenster bieten eine Aussicht in den Innenhof. Bei gutem Wetter steht auch

Kaum jemand ahnt, was für ein schönes Café samt Innenhof die Supremo-Rösterei in Unterhaching beherbergt. Hier kann man ganz tief in die Kaffeewelt eintauchen.

Junior-Chef Raphael gestaltet die auffällig schönen Verpackungen selbst.

dem Kaffeegenuss an der frischen Luft nichts entgegen. Und wenn man – so wie ich – Glück hat, dann erzählt einem Raphael bei dieser Gelegenheit von seiner großen Leidenschaft.

Seine Stimme nimmt einen warmen Ton an, wenn er von den Kontakten zu den Kaffeebauern berichtet. „Der Rohkaffee ist der Schlüssel!", sagt er. Von der Qualität überzeugen sie sich persönlich vor Ort. Wie sehr ihnen diese direkte Verbindung am Herzen liegt, merkt man auch daran, dass die Röstungen die Namen der Farmen, von denen der Kaffee stammt, tragen. Schaut man sich im gut sortierten, hauseigenen Shop um, findet man neben den Verpackungen Fotos der Bauern und Informationen zu den Farmen und Anbaugebieten. Finca Jardin, Los Cuarteles, Don Macho oder Don Oscar lauten die klangvollen Bezeichnungen der verschiedenen Kaffees und man rückt als Kunde schon etwas näher an die Kaffeefarmer heran. An der Kaffeebar kann man sich dann durch die verschiedenen Anbaugebiete durchprobieren. Dort stehen 16 Kaffeemühlen und es gibt jeden Monat vier Brühkaffees, die jeweils in fünf verschiedenen Brühmethoden angeboten werden. Übrigens geben die „Supremos" ihr enormes Wissen im hauseigenen Schulungszentrum auch an Gastrokunden weiter.

Die Herkunftsländer spielen für den Geschmack eine wichtige Rolle. „Kenia schmeckt ganz anders als Guatemala", erklärt Raphael und lädt jeden Gast ein, diesen Unterschied auf der Zunge zu schmecken. 130 Sorten Rohkaffee lagern im

hauseigenen Humidor. Dort findet der grüne Rohkaffee ein perfektes Klima vor: dunkel, kühl, optimale Temperatur, konstante Luftfeuchtigkeit und sogfältig bewegte Luft – das alles sorgt für hervorragende Qualität. Schon 2006 bekam die Rösterei von „DER FEINSCHMECKER" die erste Auszeichnung, 2008 wurde sie im „crema"-Magazin zum „Röster des Jahres" gekürt. 2011, 2012, 2014 und 2018 folgten weitere Auszeichnungen durch den „FEINSCHMECKER".

Schließlich erzählt Raphael noch vom „Cup of Excellence": „Jeder Kaffeebauer kann eine Probe (Sample) seines besten Kaffees für diesen Wettbewerb einreichen. Bekommt der Kaffee mehr als 85 Punkte, geht er in die nächste Runde. Nach sechs Runden stehen die Besten fest. In einer Live-Auktion können diese Kaffees dann ersteigert werden." Die teilweise kleinen Farmen erfahren durch diesen Wettbewerb internationale Sichtbarkeit, Anerkennung und erzielen faire Preise. Es ist für das Supremo-Team ein sehr emotionales Thema, wenn einer „ihrer" Bauern gewinnt, denn mehrere Wochen im Jahr verbringen sie auf den Farmen und bei jeder Ernte wird gehofft und gebangt. „Das ist aufregend und wir wünschen uns für die Bauern natürlich gute Ernten. Es ist uns wichtig, ihnen angemessene Preise für gute Qualität zu bezahlen."

Im hauseigenen Humidor herrschen perfekte Lager-Bedingungen für den Rohkaffee.

Tarte mit Himbeeren und weißer Schokolade

Für eine Tarteform (28 cm Durchmesser)

Zutaten für den Teig

200 g Mehl
25 g gemahlene Mandeln
75 g Puderzucker
1 Prise Salz
100 g kalte Butter
1 Ei

Zutaten für den Belag

300 g tiefgefrorene Himbeeren
100 ml Wasser
75 g Zucker
1 Spritzer Zitronensaft
1 Prise Salz
2 EL Speisestärke
350 g weiße Schokolade
150 ml Crème double
75 g Butter

Zubereitung

Aus Mehl, Mandeln, Puderzucker, Salz, Butter in Flöckchen und dem Ei einen Mürbeteig herstellen. Den Teig ausrollen und die Tarteform damit auskleiden. Im vorgeheizten Backofen bei 175 Grad (Ober- und Unterhitze) ca. 15 bis 20 Minuten backen. Komplett abkühlen lassen!

Die Himbeeren auftauen und abtropfen lassen. Danach mit Wasser, Zucker, Zitronensaft, Salz und Stärke in einem kleinen Topf vermischen. Bei mittlerer Hitze unter Rühren aufkochen. Einige Minuten köcheln lassen, bis die Masse etwas eindickt. Himbeerfüllung auf dem ausgekühlten Tarteboden verteilen und kühl stellen.

Die Schokolade zerkleinern und in eine Schüssel geben. Crème double zusammen mit der Butter in einem kleinen Topf erwärmen und aufkochen lassen. Diese Mischung über die zerkleinerte Schokolade gießen. Gut verrühren, bis die Schokolade komplett geschmolzen ist. Diese Creme vorsichtig auf die Himbeermischung geben und die Tarte für weitere zwei Stunden kühl stellen.

Als ich das Supremo schließlich verlasse, trage ich das Gefühl einer langen Reise in mir und von einigen Kaffeebauern habe ich jetzt auch ein Gesicht vor Augen.

 Supremo Kapellenstraße 9, 82008 Unterhaching, www.supremo-kaffee.de

21

Freiraum

„MAN KOMMT REIN,
DER REST KOMMT VON ALLEIN!"

¶

Münsing, ein Ort mit knapp viertausend Einwohnern, ist typisch für Oberbayern: Kirche mit Zwiebelturm, Maibaum, beschauliche Ortsmitte mit modernen, aber auch traditionellen Häusern – und die Herren Müller-Lüdenscheidt und Dr. Klöbner in der Badewanne! Ja, Sie haben richtig gelesen.

Wahrscheinlich kennen die meisten die beiden Herren und ihr unnachahmliches Gespräch in der Badewanne, in dem eine Ente eine nicht unerhebliche Rolle spielt. Aber wie kommt es, dass gerade in Münsing an diesen berühmten Zeichentrick-Sketch erinnert wird? Die Antwort ist einfach, denn der Erfinder dieser beiden Figuren, niemand Geringerer als Vicco von Bülow, besser bekannt als Loriot, lebte in Münsing und wurde dort 1993 zum Ehrenbürger ernannt. In Erinnerung an den berühmten Einwohner, der 2011 verstorben ist, hat man ihm ein Denkmal gesetzt, und zwar in Form eines Badewannen-Brunnens, in dem Herr Müller-Lüdenscheidt und Dr. Klöbner Platz genommen haben.

Fast in Sichtweite dieses ausgefallenen Denkmals befindet sich das Café FREIRAUM, das Cäcilia Kohn im Dezember 2013 eröffnet hat. Das Café hätte sicher auch Loriot gefallen, besuchte er doch früher schon den Weinhandel samt Bistro, den ihr Bruder – von dem Cäcilia viel gelernt hat – vorher in den Räumlichkeiten betrieb. Bis heute erzählt man sich die Geschichte von Cäcilias Schwägerin, die Loriot bediente und nicht erkannte…

Cäcilia verbindet viele Leidenschaften in sich, als Leserin, Kreative, passionierte Bäckerin und liebevolle Gastgeberin. Und wer sich ein wenig umsieht in ihrem FREIRAUM, der kann das auch nicht übersehen.

Zunächst studierte die heutige Cafébetreiberin klassischen Operngesang in Salzburg. Um auch noch „richtigen" Beruf zu erlernen, machte sie anschließend eine Lehre zur Restaurantfachfrau. Ihr Vater, der einen Bio-Laden führte, schärfte ihren Blick für hochwertige Lebensmittel und gutes Essen. Nachhaltigkeit wird innerhalb der Familie ganz groß geschrieben. Alles wird verwendet und aus alten Dingen wird etwas Neues gemacht. „Ohne das Alte gäbe es das Neue nicht", weiß Cäcilia. So hat sie es von ihren Eltern Bettina und Christian gelernt und lebt es heute aus Überzeugung.

Wenn man diesen Hintergrund kennt, scheint es fast selbstverständlich, dass die Gäste im Café FREIRAUM mit hausgemachten Kuchen und frisch zubereitetem Essen verwöhnt werden. Cäcilias Kreativität ist überall spürbar. „Bei mir kann man auch einen Kuchen im Blumentopf vorbestellen!" Mittags serviert sie ihren Gästen wahlweise ein Pasta- oder Schöpfgericht und Salat. Alles wird vor den Augen der Gäste in der offenen Küche zubereitet.

Die Herren Müller-Lüdenscheidt und
Dr. Klöbner in der Badewanne

Passend zum Namen gibt es im FREIRAUM viel Platz für Entfaltung! Unübersehbar sticht einem die „Diogenes-Parade" – wie Cäcilia sie nennt – ins Auge: Ein großes Regal mit Büchern, die man auch kaufen kann, lädt zum Lesen und Stöbern ein. Selbstverständlich findet man hier auch die bekannten Münsinger Schriftsteller Loriot und Patrick Süskind.

„Ich liebe Lesen!", betont die Cafébetreiberin voller Begeisterung. Die Bücher im FREIRAUM dienen aber auch noch einem anderen Zweck: „Über Bücher kann man immer reden" und so kommt jeder, der möchte, im großzügigen Café ganz leicht ins Gespräch. „Früher gab es auch mal einen Buchladen in Münsing", erinnert sich Cäcilia mit ein wenig Wehmut in der Stimme. Dessen Aufgabe übernimmt heute ihr Café. Neben Büchern werden auch Holzpostkarten und nachhaltiges Geschirr aus Bambus verkauft.

Das FREIRAUM ist Café und
kleine Buchhandlung in einem.

Den Kaffee bezieht das Café FREIRAUM von der „Murnauer Kaffeerösterei"
(Seite 86). Dort hat Cäcilia auch einen Baristakurs absolviert. Sie ist der Rösterei
aber noch aus einem anderen Grund dankbar. „Ich hatte damals dort angerufen
und gesagt, dass ich nächste Woche eröffnen möchte. Es war unglaublich: In der
Eröffnungswoche stand ein Vertreter der Rösterei parat, hat die Siebträger perfekt
eingestellt und mich mit einem hervorragenden Kaffee versorgt. Das war einfach
großartig."

Bei einer Tasse Kaffee kann man sich in aller Ruhe umsehen und den alten
Perserteppich von Cäcilias Vater bewundern, auf dem sie schon als Kind lag. Ganz

Zitronen-Tarte

Für eine Springform (28 cm Durchmesser)
Zutaten
200 g Mehl
100 g weiche Butter (Zimmertemperatur)
1 Prise Salz
etwas Milch
6 Bio-Eier
4 Bio-Zitronen
200 g Zucker
200 g geschmolzene Butter
150 g Crème fraîche
3 EL Lemon-Curd (Zitronencreme)

Zubereitung

Das Mehl, die weiche Butter und eine Prise Salz mit einem Schuss Milch zu einem glatten Teig verkneten. Den Teig zu einer Kugel formen, in Folie wickeln und für 1 Stunde in den Kühlschrank stellen.

Anschließend den Teig ausrollen, die Springform dünn damit auslegen und einen kleinen Rand von ca. 3 Zentimetern ausformen. Mit einer Gabel den Boden gleichmäßig einstechen, damit er sich beim Backen nicht wölbt. Etwa 7 Minuten im auf 180 Grad (Umluft) vorgeheizten Backofen vorbacken.

In der Zwischenzeit die Eier trennen und das Eiweiß steif schlagen. Die Schale der Zitronen abreiben und die Zitronen auspressen.
In einer zweiten Schüssel den Zucker und das Eigelb so lange schlagen, bis sich der Zucker aufgelöst hat und die Masse hellgelb geworden ist. Anschließend die Zitronenschale, den Saft, die geschmolzene Butter, die Crème fraîche und das Lemon-Curd zugeben und alles zu einer homogenen Masse verrühren. Zum Schluss den Eischnee unterziehen.
Alles auf den Teig in die Springform geben und gleichmäßig verteilen. Im Backofen bei 180 Grad (Umluft) 35 Minuten backen.

automatisch bleibt der Blick schließlich am 180 Jahre alten Flügel hängen. Tatsächlich gibt es im FREIRAUM auch noch Platz für dieses große Musikinstrument. Etwa einmal im Monat finden hier musikalische Veranstaltungen oder Lesungen statt. Über dem Flügel hängt stets das „Kunststück" des Monats. Bei meinem Besuch darf ich eine großformatige Fotoarbeit bewundern, auf der ein eindrucksvoller, von Felsen umgebener Leuchtturm zu sehen ist. Wie passend, denke ich, steht doch das FREIRAUM mit seiner perfekten Verbindung von Genuss, Kunst und Kultur ebenso felsenfest in Münsing.

FREIRAUM Bachstraße 1a, 82541 Münsing, www.freiraum-muensing.de

22

FreiZeit

„UNVERPACKT GENIESSEN!"

¶

Wenn Wunsch und Gelegenheit zusammenfinden – wie das in Bairawies, einem Ortsteil von Dietramszell, der Fall gewesen ist –, dann kann daraus etwas ganz Besonderes entstehen. Da wird sogar aus einer seit den siebziger Jahren leer stehenden bayerischen Wirtschaft ein stimmungsvolles Café samt Unverpackt-Laden!

Der alte Gasthof aus dem 17. Jahrhundert stand lange leer, bevor Jasmin Seitner-Spangenberg ihn im März 2018 zu neuem Leben erweckte. Sie wohnt selbst seit einigen Jahren in Bairawies und war schon oft an dem verwaisten Haus vorbeigefahren. „Ich dachte, es wäre doch schön, dort im Biergarten zu sitzen", erzählt sie heute. Auf einer Bürgerversammlung erfuhr sie, dass die Bewohner von Bairawies sich einen Dorfmittelpunkt wünschten. Und da meldete sich Jasmin gleich mit der Idee zu Wort, in der ehemaligen Wirtschaft ein Café einzurichten. „Ich arbeite als freie Lektorin und hatte vorher eigentlich nicht unbedingt daran gedacht, ein Café zu eröffnen, obwohl ich als Studentin schon in der Gastronomie gejobbt hatte. Doch dieser Platz faszinierte mich und ich fühlte, dass man daraus etwas wirklich Schönes machen kann. Das hat mich gereizt." Das Haus wurde für diesen Zweck komplett renoviert und so entstand der perfekte Raum für Jasmins Ideen.

Hinzu kam, dass Jasmin schon seit einiger Zeit von sogenannten „Unverpackt-Läden" gehört hatte, die vor allem in den Großstädten eröffnet wurden. „Das Thema Müllvermeidung und eine gesunde Lebensweise liegen mir am Herzen", betont sie und so folgte sie ihrer Eingebung, ein Café samt Unverpackt-Laden

einzurichten. „Es ist ein bisschen wie früher. Jeder kann mit seinen Gläsern und Dosen kommen und sich verpackungsfrei Nudeln, Reis, Kichererbsen, Nüsse, Cornflakes, Mehl, Müsli oder Zucker selbst abfüllen."

Ein Wirtshaus aus dem 17. Jahrhundert wurde zu neuem Leben erweckt.

Von einem Bauern aus Icking bezieht das Ladencafé Kartoffeln, der Honig stammt aus der Nachbarschaft. Ebenfalls im Laden erhältlich: Eier aus Freilandhaltung, Molkereiprodukte, Tee, Gewürze, Schokolade, essbare Strohhalme, plastikfreie Zahnbürsten, Bambus-Wattestäbchen, Seifen, Waschnüsse, Spülbürsten, Bienenwachskerzen und mehr. Das Sortiment wird ständig erweitert. Alles, was man für den täglichen Bedarf braucht, findet man im FreiZeit. Dabei sagt der Name des Cafés schon alles: „Frei" steht für ein möglichst verpackungsfreies Leben, „Zeit" für die Auszeit, die man sich hier vom Alltag nehmen kann. Auch die Cafébetreiberin fühlt sich hier sehr wohl: „Ich vermisse es nicht, am Computer zu sitzen. Es macht mich glücklich, hier zu sein."

Dieses Gefühl der Entschleunigung möchte Jasmin an ihre Gäste weitergeben. „Ich liebe den direkten Kontakt zu den Leuten und genieße das Gefühl des Gebens", berichtet sie mit viel Wärme in ihrer Stimme.

Wenn man sich im geräumigen Ladencafé umsieht – das ein wenig auch ein Tante-Emma-Laden ist –, fühlt man sich tatsächlich in gute alte Zeiten zurückversetzt.

Das Inventar des Cafés passt gut zu Jasmins Konzept – die Einrichtungsgegenstände sind gebraucht, stammen von Familie und Freunden oder vom Flohmarkt. Der alte Boden im Schachbrettmuster harmoniert wunderbar mit den gesammelten Möbelstücken. Kissen und Felle auf den Bänken und Stühlen vermitteln ein Gefühl der Behaglichkeit. Die Wände sind zum Teil unverputzt und geben den Blick auf das alte Mauerwerk frei. „Ich wollte mich hier wiedererkennen!", erklärt die Cafébetreiberin. Es ist ihr ein Anliegen, alte Dinge nicht einfach wegzuwerfen: „Wir leben ja so oft nach dem Prinzip ,Schnell, schnell – alles mitnehmen und schnell wegwerfen'. Ich möchte, dass sich die Leute wieder auf die wichtigen Dinge konzentrieren: Freunde, Menschen, Beständigkeit und das Beisammensein." Man spürt sofort, dass hier jemand mit Überzeugung bei der Sache ist.

Auch beim Kaffee, den Jasmin von der „Wildkaffee Rösterei" (Seite 104) bezieht, spielt Nachhaltigkeit eine große Rolle. „Ich hatte den Kaffee auf einer

Kaffee trinken und unverpackt einkaufen, das gehört zum Konzept von Jasmin Seitner-Spangenberg.

Maulwurf-Torte

Für eine Springform (28 cm Durchmesser)

Zutaten für den Boden

5 Eier
100 g Dinkelmehl
100 g gemahlene Haselnüsse
40 g Kakao
150 g Zucker
1 TL Backpulver
10 g Vanillezucker
200 g weiche Butter

Zutaten für die Füllung

Himbeeren
500 g Sahne
40 g Puderzucker
10 g Vanillezucker
50 g Schokostreusel

Zubereitung

Für den Boden alle Zutaten vermengen, die Butter zum Schluss dazugeben. Bei 180 Grad (Umluft) eine halbe Stunde backen, dann auf einem Kuchengitter auskühlen lassen. Wenn der Boden abgekühlt ist, mit einem Esslöffel aushöhlen, dabei einen Rand von 1 Zentimeter stehen lassen.

Nun die Himbeeren auf dem Boden verteilen. Anschließend die Sahne steif schlagen, Puderzucker und Vanillezucker dazugeben, Schokostreusel untermengen und alles kuppelförmig auf den Boden mit den Himbeeren geben. Zum Schluss die ausgehöhlte Masse zerkrümeln und auf der Kuppel verteilen und leicht andrücken, fertig!

Messe am Stand der Rösterei verkostet und dort war man offen für eine verpackungsfreie Lieferung. Mein Kaffee kommt deshalb in Papiersäcken. Diese werden von der Rösterei mitgenommen und immer wieder verwendet."

Jasmin hat sich für den „Hausespresso" der „Wildkaffee Rösterei" mit seinen würzigen Schokoladen- und Karamellnoten entschieden. Dazu schmecken die hausgemachten Kuchen. Für den größeren Hunger stehen jeweils zwei bis drei warme Gerichte auf der Tageskarte. Das alles – und übrigens auch ein Tölzer Mühlfeldbräu – kann man bei schönem Wetter auch im herrlichen Biergarten genießen.

Fragt man die Cafébetreiberin nach ihren Plänen für die Zukunft, dann stellt sie sich Lesungen, Liederabende und einen Weihnachtsmarkt vor.

Auf eines müssen die Gäste im FreiZeit allerdings verzichten – auf ihr Handy, denn das hat hier keinen Empfang. Doch das ist sogar ein Segen, denn so kann man sich einfach herrlich entspannen!

 FreiZeit Dorfstraße 30, 83623 Dietramszell-Bairawies, www.freizeit-bairawies.de

23

Café im Süden

„ALLES WIRD GUT!"

¶

In einer kleinen Nebenstraße der Fußgängerzone von Bad Tölz verbirgt sich ein Wohnzimmer-Café mit einer fast royalen Anmutung. Türkisfarbene Wände mit großem Blumendekor, vergoldete Spiegel, ein Kronleuchter, ein wandfüllendes Regal mit Kleinigkeiten, die man hier kaufen kann, dazu Holztische und weiße Stühle mit farblich abgestimmten Kissen.

Kaum hat man sich an einen der gemütlichen Holztische gesetzt, wird man auch schon Teil der großen Familie, die sich hier zusammenfindet. Viele Stammgäste kommen jeden Tag, aber auch zufällige Besucher treibt es hierher und normalerweise bleiben sie dann einige Zeit.

Das Oberhaupt dieser spontan entstandenen Großfamilie ist Snezana Schreibauer, die hier alle nur mit „Frau Schnee" ansprechen und die sich selbst auch so nennt, weil „sich das wirklich jeder merken kann". Es mag bezeichnend sein, dass schon zu Beginn unseres Gesprächs ein Gast ruft: „Frau Schnee, du bist die Mutter von uns allen hier!" Zustimmendes Lachen erfüllt den Raum und Frau Schnee lacht mit. Ihre Herzlichkeit ist ansteckend. Eröffnet hat sie ihren Traum im Dezember 2014 und seither ist das Café im Süden zu einem beliebten Treffpunkt in Bad Tölz geworden.

Frau Schnee hat früher in einer Bäckerei gearbeitet und ihre Eltern hatten in Kroatien ein kleines Bistro. Sie war also im besten Sinne auf ihr Leben als Gastgeberin vorbereitet. Doch, und das betont sie, „ohne meinen Lebensgefährten Peter würde es nicht funktionieren!"

Einen Ruhetag gibt es nicht und so arbeitet Frau Schnee mit einem Team aus drei Festangestellten und einer Praktikantin jeden Tag daran, dass es ihren Gästen gut geht. „Ich liebe meine Arbeit und bin so gern mit meinen Gästen zusammen!"

In einer ruhigen Nebengasse nahe der Fußgängerzone von Bad Tölz kann man herrlich entspannen.

Frau Schnee arbeitet mit einer solchen Überzeugung und Begeisterung, dass sie ihre Gäste und die Nachbarschaft dabei mitzieht. „Wenn viel los ist, helfen meine Gäste sogar mit", berichtet die Cafébetreiberin stolz.

„Auch Kinder sind herzlich willkommen, dafür lege ich auch eine Decke mit Spielsachen auf den Boden und Malsachen sind auch immer da. So können die Eltern entspannt einen Kaffee trinken, während ihre Kinder spielen."

Vor allem die Kinder aus der Nachbarschaft haben Frau Schnee von Anfang an fest in ihre Herzen geschlossen. Denn wenn es ruhig ist im Café, dann backt Frau Schnee mit ihnen etwas – aus allen Zutaten, die der Kühlschrank hergibt. „Ich muss die Kinder nie rufen, sie spüren, wenn es Zeit ist, und kommen von selbst."

Ich bin nicht im Geringsten überrascht, als Frau Schnee erzählt, dass sie keine Waage benutzt! Sie backt und kocht alles nach Gefühl und aus frischen Zutaten. Dafür geht sie mittwochs und freitags auf den Markt und überlegt sich spontan,

was im Café im Süden auf der Karte stehen wird. Die Gerichte sind so vielseitig wie sie selbst: slowenisch, kroatisch, deutsch – und mit ganz viel Herz. 2018 wurde das Café vom Gourmet-Magazin „DER FEINSCHMECKER" als eines der besten ausgezeichnet!

Hinter einer türkisfarbenen Theke verbirgt sich das Herz des Cafés: eine offene Küchenzeile. Hier gibt es keine große Küche, aber das feuert Frau Schnees Improvisationstalent nur an. Gemeinsam mit ihrem Team bereitet sie kleine Gerichte und Kuchen selbst zu. Neben einem französischen Frühstück gibt es auch mediterrane oder vegane Köstlichkeiten. Die zugekaufte Ware ist aus der Region, die Eier bekommt Frau Schnee vom Bio-Bauern. Berühmt ist sie aber auch für ihre Suppen und Eintöpfe. Davon kocht sie jeden Tag genau einen großen Topf voll. Dann lassen sich die Gäste Bohnen- oder Karottensuppe, Minestrone oder slowenische Jota schmecken. Die Suppen sind beliebt und manchmal wird die Cafébetreiberin gefragt, warum sie nicht mehr davon kocht.

Frau Schnee hat ein gemütliches Wohnzimmer-Café mit royaler Anmutung geschaffen.

Jota

Zutaten für 4 Portionen

500 g Kartoffeln
1 Knolle Sellerie
1 Knoblauchzehe
1 Zwiebel
500 g Sauerkraut
1 – 2 Lorbeerblätter
Pfefferkörner
Gemüsebrühe
200 g Kidneybohnen

mit Fleisch

1 Stange Spareribs
oder geräuchertes Kassler
oder Wurst

Zubereitung

Kartoffeln schälen, in Würfel schneiden und kochen. Sellerie, Knoblauch und die Zwiebel in einem Topf anschwitzen. Fleisch in kleine Würfel schneiden und anbraten. Sauerkraut, Lorbeerblätter und Pfefferkörner dazugeben und mit Brühe aufgießen. Alles zum Kochen bringen und ca. 1 Stunde auf niedriger Temperatur köcheln lassen. Schließlich einen Teil der Kartoffeln stampfen und mit den Bohnen zur Suppe geben. Die restlichen Kartoffeln in Würfeln belassen und ebenfalls dazugeben. Eine halbe Stunde ziehen lassen. Zum Schluss würzen und abschmecken.

Ihre Antwort ist einfach: „Wenn der Topf leer ist, dann ist er leer, dann gibt es nichts mehr. Dann muss man eben am nächsten Tag wiederkommen." Denn wegschmeißen möchte Frau Schnee nichts, darum kocht sie nur so viel, wie auf jeden Fall gegessen wird.

Qualität ist wichtig im Café im Süden und so verhält es sich auch beim Kaffee. Frau Schnee bleibt sich treu und hat sich für die regionale Rösterei „Tölzer Bohne" entschieden. Die beiden Rösterinnen Carolin Hirschberger und Katharina Roithmeier rösten in Sachsenkam in traditioneller Handarbeit.

Und so kann man sich im Café im Süden zurücklehnen, das schöne Leben genießen und einer von Frau Schnees Geschichten lauschen. Zum Beispiel der von der Tüte, die ihr Vorgänger im Café zurückgelassen hat und auf der stand: „Das Gute ist so nahe!"

 Café im Süden Rathausgasse 4, 83646 Bad Tölz, www.cafeimsueden.de

24

Westerhof-Café
im Stieler-Haus

**„GEISTVOLLER GENUSS UNTER DEN BLICKEN
DER SCHÖNHEITEN!"**

¶

Das Stieler-Haus liegt elegant am Ufer des Tegernsees. Im Jahr 1829 erwarb der königliche Hofmaler Joseph Karl Stieler das Grundstück auf der Tegernseer Point direkt von König Ludwig I., der ihn zuvor mit den Worten: „Baue er sich hier ein Sommerhäusl" zu diesem Schritt ermuntert hatte. So entstand eine biedermeierliche Sommerresidenz, die selbstverständlich auch über ein Atelier verfügte. Noch heute glaubt man in den Räumen, die vom Leben der Künstlerfamilie erzählen, die Kreativität zu spüren, die einst hier wirkte.

Dass dieses Haus mit viel Feinsinn saniert wurde und dazu noch ein wunderbares Café beherbergt, hat es dem heutigen Inhaber Dr. Andreas Greither zu verdanken, dessen Familie aus dem Tegernseer Tal stammt. Mit dem gleichen Gespür hat er sich auch dem Westerhof-Hotel samt Berghaus oberhalb des Tegernsees zugewandt und dieses ebenso liebevoll renoviert und modernisiert.

Nach einer einjährigen Renovierungsphase feierte das Westerhof-Café 2014 Eröffnung und zeigt sich nun in neuem Glanz an einem atemberaubend schönen Platz mit Blick auf den Tegernsee.

Man sollte sich unbedingt die Zeit für einen Rundgang durch das Haus nehmen. Die Decken sind mit Stuckelementen ganz im Stile der Zeit geschmückt und ein ausgefallenes Biedermeier-Geländer führt die Holztreppen hinauf in die Wohn- und Atelierräume, in denen Joseph Karl Stieler gewirkt hat. Sein Name ist zwar vielen nicht mehr bekannt, das trifft aber nicht auf seine Werke zu: Ein Beispiel ist die sogenannte „Schönheitengalerie" im Schloss Nymphenburg, aber auch Ludwig

**Cafébetreiber Carsten Holzhauer samt
Mitarbeiterin begrüßen die Gäste herzlich.**

**Die Einrichtung des Hauses zeugt
von einem Künstlerleben.**

van Beethoven oder Johann Wolfgang von Goethe bleiben dank seines meisterlichen Pinselstrichs bis heute lebendig. Stielers Sohn Karl versuchte sich ebenfalls zunächst in der Malerei, fand aber dann im Schreiben und Dichten seine wahre Berufung. „Die Bilder der Schönheiten waren in der damaligen Zeit natürlich ein Skandal. Wir dürfen heute allerdings dankbar dafür sein, dass diese Frauen durch den Künstler ein Gesicht bekommen haben", erzählt mir Sonja Still, Journalistin und Pressesprecherin des Stieler-Hauses, bei unserem Rundgang.

Schaut man sich im Haus ein wenig um, findet man überall sichtbare Zeugnisse aus alten Zeiten, die das Leben der Familie Stieler lebendig werden lassen. So findet sich hier beispielsweise ein Tafelklavier, auf dem einst sogar Felix Mendelssohn-Bartholdy gespielt haben soll. Passend dazu wurden Stücke erworben, die den Stil des Hauses unterstreichen. Im Atelier befindet sich zum Beispiel eine mit Blattgold verzierte Lampe des Berchtesgadener Künstlers Thomas Zern. Überhaupt lohnt es sich, sein Augenmerk besonders auch auf die Lampen des Hauses zu richten! So ist eine andere Leuchte im Café aus Swarovski-Kristallen gefertigt, stellt ein „Überführer"-Boot dar und schafft so eine Verbindung zum nahegelegenen See.

Die Kunst und das Leben Joseph Karl Stielers gehen in diesem Haus eine unnachahmliche Verbindung ein. An einer Messlatte am Türstock kann jeder bis heute nachvollziehen, wie die Familie Stieler im wahrsten Sinne des Wortes gewachsen ist. Dort befindet sich sogar eine Markierung für den Hund der Familie, der offensichtlich 40 Zentimeter groß war. In jedem Raum wird einem aufs Neue bewusst, dass es sich hier um das Haus eines Künstlers handelt, der zu den Freunden des Königs zählte. Das Stieler-Haus war damals so eine Art „Hospot", an dem man sich mit Gleichgesinnten gerne im Sommer traf und vielleicht auch schon die eine oder andere Tasse Kaffee trank.

Es ist auch für mich höchste Zeit, mich dem schönen Café im Haus zuzuwenden. Auf dem Weg dorthin kommt man durch die letzte im Original erhaltene Küche am

Diese wunderbare Aussicht auf den Tegernsee genoss einst auch der Künstler Joseph Karl Stieler.

147

Einen extra Blick verdienen auch die Lampen im Stieler-Haus. Diese aus Swarovski-Kristallen stellt ein „Überführer"-Boot dar.

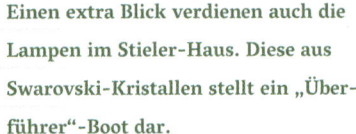

Tegernsee, die Rauchkuchl. Wer mag, kann dort schon Platz nehmen und seinen Kaffee genießen.

Wer es hell und lichtdurchflutet liebt, der geht weiter ins Café, das wie ein Wintergarten dreiseitig von Glas umgeben ist und einen unverstellten Blick in die Natur ermöglicht. Sonja Still erzählt dazu folgende Geschichte: „Einst blieben nach der Belagerung Wiens durch die Türken 500 Sack Kaffee zurück und weil alles, was gut war, nach Bayern gebracht wurde, nahm der blaue Kurfürst (der wegen seiner blauen Uniform so genannt wurde), Maximilian II. Emanuel von Bayern, den Kaffee mit nach München. So gelangte die aromatische schwarze Bohne nach Bayern ..."

Hervorragenden Kaffee kann man heute immer noch im Stieler-Haus trinken. Ausgeschenkt wird ein Espresso der italienischen Firma „Segafredo". Und weil im Café ebenfalls kleine beleuchtete Bildnisse der Damen aus der „Schönheitengalerie" wohlwollend

Brezn-Carpaccio

Zutaten

6 Brezn
1 Handvoll frische Kräuter (Salbei, Majoran, Petersilie)
400 ml Milch
400 ml Sahne
150 g Butter
1 EL Senf
1 kleine Zwiebel
1 Knoblauchzehe (nach Belieben)
2 Eier
100 ml Olivenöl

Zubereitung

Die getrockneten Brezn in grobe Stücke schneiden, die Gewürze fein hacken und beides in eine Schüssel geben. In einem Topf die Milch und die Sahne mit der Butter und dem Senf aufwärmen (nicht zum Kochen bringen), dazu die fein gehackte Zwiebel und nach Belieben die Knoblauchzehe geben.

Diese Mischung auf die getrockneten Brezn geben und 15 Minuten ziehen lassen.

Anschließend die Eier dazugeben und alles zu einer teigähnlichen, grob stückigen Masse verrühren. Diese Masse in einer Frischhaltefolie eng zu einer Rolle (möglichst ohne Luftblasen) wickeln, danach mit Alufolie umwickeln. Die fertigen Rollen in kochendes Wasser geben und 25 Minuten köcheln lassen, danach zum Abkühlen 3 Stunden in den Kühlschrank stellen.

Das fertige Brezn-Carpaccio am besten mit einer Schneidemaschine in hauchdünne Scheiben schneiden, auf einem Teller anrichten und dünn mit dem Olivenöl bestreichen.

Dazu passt wunderbar ein frischer Sommersalat mit Granatapfel-Balsamico-Dressing und gegrillter grüner Spargel.

auf die Gäste herabschauen, tragen die Frühstückvariationen zum Teil auch die Namen dieser Schönheiten. So kann man auf der Frühstückskarte zwischen Regina Daxenberger, Marchesa Florenzi, Maria Dietsch oder Lola Montez wählen und sich auf kulinarische Köstlichkeiten freuen. Die Mittagskarte ist ebenfalls ausgefallen und verspricht höchsten Genuss. Geleitet wird das Haus vom stellvertretenden Direktor des Westerhofs, Carsten Holzhauer, Gastgeber im Café ist am Abend Reinhold Reibert.

Es spielt keine Rolle, ob man eine der zahlreichen Veranstaltungen im Stieler-Haus besucht, sich an Silvester „Dinner for One" auf Bayerisch ansieht, Barista-Schulungen absolviert, mit den Kindern den Advent im Rauchkuchl feiert oder sich im Sommer freitags beim Barbecue auf der herrlichen Terrasse trifft – es ist einfach immer ein wunderschönes Erlebnis!

 Westerhof-Café im Stieler-Haus Seestraße 74, 83684 Tegernsee, www.stielerhaus.de

25

Erste Tegernseer Kaffeerösterei

„DIE WELT GEHÖRT DEM, DER SIE GENIESST!"

¶

Schon als Kind liebte Mario Felix Liebold den intensiven Duft von Kaffee, denn in seiner Familie wurde schon immer gern und viel davon getrunken. Noch heute hat er die Stimme seiner fränkischen Oma im Ohr: „A guts bissla Kaffee." Auch seine Mutter Christa bezeichnet Mario lächelnd als „Kaffeejunkie"!

Vielleicht war sein Lebensweg also schon lange festgelegt, bevor er selbst etwas davon wusste. Denn ursprünglich hatte Mario Zahnmedizin studieren wollen, daraus wurde aber ein BWL-Studium und schließlich landete er im Bereich Export. Durch seine Arbeit lernte er dann Brasilien intensiv kennen und kam dabei gutem Kaffee immer näher. Da seine Familie am Tegernsee eine Ferienwohnung besaß, verbrachte er das Wochenende häufig dort. Die gemeinsamen Stunden mit der Familie bei einer schönen Tasse Kaffee, die idyllische Umgebung des Tegernsees und die Kontakte nach Brasilien – all das verschmolz zu einer Geschäftsidee: Die Erste Tegernseer Kaffeerösterei war geboren.

Mario kündigte im April 2007 seinen damaligen Job und schon am 20. Oktober desselben Jahres ging für ihn, der unbedingt etwas Eigenes machen wollte, ein Wunsch in Erfüllung und er eröffnete die Tegernseer Kaffeerösterei samt Café. Der Schwerpunkt der Rösterei liegt auf sortenreinen, unvermischten Spezialitätenkaffees. Dreißig unterschiedliche Sorten röstet Mario in seinen Röstmaschinen, hinzukommen weitere Espresso-Mischungen. „Beim Rösten geht es darum, den ‚Sweet Spot' zu finden, das ist der Punkt, bei dem der Kaffee seinen vollen Charakter entfaltet", erklärt mir Mario.

Das Herz eines Rösters schlägt
für Qualitätskaffee und seine
Röstmaschine.

Auch von außen ist die Tegernseer Rösterei eine Schau!

Mario liebt das Handwerkliche und versteht etwas vom Vertrieb. Zusammen mit seiner Mutter Christa und seinem Vater Gerd sind sie ein perfektes Team. Dass sein Vater keinen Kaffee trinkt, tut dabei nichts zur Sache. Als ehemaliger Bürgermeister kannte er sich mit den bürokratischen Abläufen bestens aus und kümmerte sich um sämtliche Genehmigungen. Marios Mutter dagegen hat ein glückliches Händchen für die Dekoration und Ausstattung im Café. Die Familie arbeitete von Anfang an mit Begeisterung an ihrer kleinen Kaffeewelt am Tegernsee.

„Kaffee ist für mich Leidenschaft pur und unendlich komplex", erzählt Mario und berichtet von der Vielseitigkeit der kleinen Farmen, von denen er die Bohnen bezieht. „Wir versuchen alles direkt – also ohne Zwischenhändler – zu kaufen und den Farmern so eine größere Rendite zu ermöglichen. Manchmal schließen wir uns dafür auch mit anderen Röstern zusammen."

Als Preisrichter beim „Cup of Excellence" kennt er sich mit der Bewertungsskala für Kaffee, die von 0 bis 100 reicht, gut aus. Für die Rösterei kommt deshalb auch nur Qualitätskaffee mit über 86 Punkten infrage.

„Manchmal gibt es von einer Sorte auch einfach nur ein oder zwei Säcke, so etwas nennt man ‚Micro- oder Nano-Lots'. Es ist dann die Aufgabe eines Rösters, das Beste aus diesen Raritäten herauszuholen. Am Ende geht es darum, für jeden Kaffee zu definieren, was das optimale Ergebnis ist."

So trägt jede Röstung immer auch die persönliche Handschrift des Röstmeisters. „Kaffee ist Obst, Kaffee ist der Kern einer Kirsche und Kaffee hat fruchtige

Säuren, daraus ergibt sich über die verschiedenen Sorten eine unglaubliche Geschmacksvielfalt", schwärmt der Röster und Cafébetreiber. „Röstverfahren und Zubereitung, Wassertemperatur, Druck bis hin zum Mahlgrad beeinflussen das Ergebnis in der Tasse entscheidend."

Wenn man Mario zuhört, kann man sich seiner Begeisterung für das Thema Kaffee nicht entziehen. Man taucht ein in seine faszinierenden Geschichten über das Leben der Farmer in Äthiopien, Bolivien, Costa Rica, Guatemala oder El Salvador. Mit jeder Kaffeebestellung bei der Ersten Tegernseer Kaffeerösterei erhält man auch ein kleines Büchlein mit Informationen zu den Kaffeebauern und ihren Produkten. Dazu gibt es eine handgeschriebene Karte mit einem persönlichen Gruß aus der Rösterei.

Ein Leben ohne die geliebte Bohne ist für Mario fast undenkbar und das fasst er in wenigen schlichten Worten zusammen: „Kaffee war immer da!"

Es ist wirklich ein unvergessliches Erlebnis, im hauseigenen Café zu sitzen und durch die großen Kassettenfenster direkt in die Rösterei zu schauen. Der Cafébereich ist lichtdurchflutet und die geflochtenen Stühle samt den Holztischen laden dazu ein, Platz zu nehmen und den Alltag auszublenden. Im gut ausgestatteten Shop findet man neben Kaffee und Zubehör auch nette Kleinigkeiten und Geschenke. Dank der Kombination aus Rösterei und Café sind Mario und sein Team den Gästen stets nahe und man kommt leicht ins Gespräch. Der Röster schaut sich während meines Besuchs kurz um und schmunzelt: „Ich kenne gerade jeden, der hier sitzt!"

Während die Gäste den hervorragenden Kaffee und all die Köstlichkeiten genießen, können sie den Röstern bei der Arbeit zusehen.

Maple-Walnut-Espresso

Zutaten für 1 Portion
200 ml frische Vollmilch
2 cl Walnusslikör
2 cl Ahornsirup
1 Espresso-Shot (25 ml, das Geschmacksprofil
sollte „walnuss-schokoladig" sein)
geschlagene Sahne
1 Walnuss

Zubereitung
Milch, Walnusslikör und Ahornsirup im
Milchkännchen vermischen. Anschließend zu
einem seidenmatten Milchschaum aufschäumen
und in ein Rotweinglas füllen. Jetzt den Espresso
extrahieren (zubereiten) und durch den
Milchschaum gießen.

Mit einer kleinen Sahnehaube garnieren und
den Walnusskern darauf platzieren. Mit einem
Glas Wasser sowie einem Latte-Löffel servieren.

**Diesen Espresso sollte sich wirklich
niemand entgehen lassen!**

Mario ist es aber auch wichtig, wie der Kaffee bei seinen Gästen zuhause zubereitet wird. Geschmackliche Inspiration kann man sich direkt vor Ort holen, wenn man neben dem Tageskaffee eine der anderen Sorten verkostet, gern auch mal auf eine neue Zubereitungsart. Dazu gibt es leckeren Kuchen aus der „Konditorei Wagner" aus Gmund. Auf der Karte findet sich aber auch ein reichhaltiges Frühstücksangebot für Genießer: Lachs, Schinken, Käse, Müsli, Cornflakes, Joghurt, Rühreier, Marmelade, Orangensaft, Prosecco – noch Wünsche?

Ich habe noch einen – nämlich möglichst schnell wieder an den Tegernsee nach Weißach zu fahren, um dort einen Kaffee zu trinken und mit Mario zu plaudern.

 Erste Tegernseer Kaffeerösterei Tegernseer Straße 101, 83700 Rottach-Weißach,
www.tegernseer-kaffeeroesterei.de

26

Schusters Milch- & Kaffeebar

„UNSERE GÄSTE WOHNEN KURZ HIER!"

¶

27 Jahre sind Birgit und Martin Schuster schon zusammen und haben ein erfahrungsreiches Leben hinter sich. Das spürt man instinktiv, wenn man sich im Schusters umsieht. Denn in den Räumen der ehemaligen Müller-Brot-Filiale weht seit der Eröffnung des Cafés im Jahr 2012 ein frischer Wind – und der kommt aus den Bergen!

Birgit hat in Österreich eine Ausbildung zur Hotelfachfrau absolviert. „Da habe ich auch etwas über die Psychologie der Menschen gelernt. Oft merke ich schon beim Hereinkommen, was für ‚Typen' das sind und welche Laune sie haben", sagt sie heute. In Vorarlberg begegnete sie dann ihrem Mann Martin, einem leidenschaftlichen Koch. Schnell stellten die beiden fest, dass sie die gleichen Pläne hatten: „Wir wollten mit Menschen, Essen und Reisen zu tun haben."

Gemeinsam bereisten sie Neuseeland, Australien, Hawaii, Hongkong, die Südsee und die Schweiz. Gearbeitet wurde vor Ort und mit einem VW-Bus erkundeten sie die Umgebung. „Den Bus haben wir immer wieder verkauft und so fast nichts dafür bezahlt." Irgendwann trieb sie die Sehnsucht in die Berge und sie landeten auf der ehemaligen „Bäckeralm", heute „Lukas-Alm", in Rottach-Egern auf rund 1.200 Metern Höhe. Erreichbar war die Alm nur zu Fuß. Birgit erinnert sich noch gut an das Schneeräumen im Winter. „Wir blieben sieben Jahre, aber eigentlich waren wir damals noch zu jung für den Berg. Vor allem fehlten uns unsere sozialen Kontakte."

Also ging es wieder runter ins flache Land und im Schusters in Bad Wiessee fanden sie eine neue Heimat für ihre Sehnsüchte und Wünsche! Mit vielen Erfahrungen und Erinnerungen im Gepäck schufen sie einen Ort der Gastlichkeit und der Gemütlichkeit. Kennt man die Vorgeschichte der beiden Cafébetreiber, wundert man sich nicht, dass die Fassade einer alten Hütte aus Tirol eine komplette Wand des Gastraums einnimmt. Die kleinen Tische, auch den Stehtresen hat Martin selbst gebaut. „Der ist nicht nur in der Küche gut", erklärt Birgit lachend.

Wenn die Alm ins Tal kommt, dann kann daraus ein „Schusters" werden.

Auf den Holzbänken liegen Felle, im schönen Außenbereich des Cafés finden sich gestapeltes Holz sowie ein alter Schlitten und ein grünes Blechschild weist den Weg zur Wallbergbahn – all das wirkt behaglich und alpin, ohne aufgesetzt zu sein.

Die Gäste kommen wegen des besonderen Ambientes, aber auch weil Küchenchef Martin in der Küche zaubert. Die Küche ist sehr klein. Deshalb spricht er auch von „Menschen-Tetris". Er selbst ist Vegetarier, Birgit ernährt sich vegan. Trotzdem gibt es auf der Speisekarte alles, was die Gäste sich nur wünschen können: Porridge, Smoothies, Bowls stehen da neben Weißwürsten, Brezn mit hausgemachtem Kichererbsen-Aufstrich, Bio-Croissants, selbst gemachten Marmeladen oder Bircher-Müsli. Die Gäste schätzen vor allem das Frühstück auf der „Schuster-Alm" in Bad Wiessee, aber auch die Herzlichkeit der beiden Cafébetreiber. Ihre Leidenschaft bringen sie in einem einzigen Satz zum Ausdruck: „Es ist ein Geschenk, wenn man so etwas machen kann!"

Da pflückt Martin auch schon mal Mädesüß-Blüten für die Panna cotta oder sammelt Kräuter und Schwammerl. Zuhause gärtnert er außerdem in zwei Hochbeeten. „In unserem Essen ist nur drin, was wir selber aussprechen können und mögen", verrät der Küchenchef.

Birgit hat sich dagegen ausgiebig mit dem Thema Kaffee auseinandergesetzt. „Ich hatte das Gefühl, ich müsse meine Espressomaschine einfach besser verstehen", schmunzelt sie. Für ihre „La Cimbali", mit der Sonderlackierung „Blutorange", fuhr sie deshalb in ihre Lieblingsstadt Wien, um eine Barista-Ausbildung in der „Vienna School of Coffee" bei Johanna Wechselberger zu absolvieren. „Das war eine Offenbarung!", berichtet Birgit begeistert. „Wir haben jedes Haferl Kaffee

Hüttenromantik und eine Espressomaschine in der Sonderlackierung „Blutorange" versprechen einzigartige Sinneseindrücke!

Bananenbrot

Für eine Kastenform (30 x 11 cm)

Zutaten

3 reife Bananen (mit braunen Flecken)
250 ml ungesüßter Haferdrink
120 ml gutes Sonnenblumenöl
150 g Zucker
1 Prise gemahlene Vanille
1 Prise gemahlener Zimt
1 Prise Salz
Saft von einer halben Zitrone
380 g Dinkelmehl (Type 630)
14 g Backpulver

Zubereitung

Die Bananen, den Haferdrink, das Sonnenblumen-öl, den Zucker, Vanille, Zimt und Salz sowie den Zitronensaft zu einer glatten, geschmeidigen Masse verrühren oder mixen.

Das Dinkelmehl mit dem Backpulver vermischen und mit der Bananenmasse zu einem glatten Teig verrühren. Der Teig sollte dickflüssig sein.

Sofort in die mit Margarine eingefettete Kasten-form geben und im vorgeheizten Ofen bei 170 Grad (Umluft) ca. 50 Minuten backen.

Danach in der Form – aber gestürzt – auskühlen lassen. Schmeckt kalt, warm oder getoastet mit Butter oder Margarine darauf.

„Martin und ich haben uns für ein Rezept entschieden, welches uns immer an unseren Aufenthalt in Hongkong erinnert. An einem kleinen Straßenstand gab es das beste Bananen-brot, welches wir je gegessen haben. Martin bäckt es auch für unsere Gäste und ausnahmsweise empfehle ich keinen Kaffee dazu, sondern English Breakfast Tea mit Milch!"

mit der Hand aufgegossen, verschiede-ne Röstungen probiert." Inzwischen „jongliert" sie mit ihrer etwas eigenwil-ligen Espressomaschine fast blind, lässt Wasser ab und kennt die perfekten Tem-peraturen. „Ein Traum wäre ja noch eine eigene Röstmaschine", erzählt sie.

Ob dieser Traum wahr wird, das wird die Zukunft zeigen, doch mit der dunklen Röstung „Palermo" aus der Rösterei „Supremo" (Seite 122) und der helleren Rös-tung „Moo" aus der Spezialitäten-Kaffeerösterei „die Rösterin" hat sie eine hervor-ragende Wahl getroffen.

Wie schön, dass die Alm den Weg ins Tal gefunden hat, geht mir durch den Kopf, als ich mich auf den Weg zurück nach München mache.

 Schusters Milch- & Kaffeebar Münchner Straße 35, 83707 Bad Wiessee

27

Elisabeths Platzerl

„ECHT ZEAM DO HERIN!"

Elisabeth Schwojer übersetzt den Leitspruch ihres Cafés in Miesbach damit, dass es hier „gemütlich, lustig, nett" ist. Das trifft natürlich alles zu, aber Elisabeths Platzerl ist noch aus einem anderen Grund etwas ganz Besonderes: Selten bin ich einer Café-betreiberin begegnet, deren Seele so offenkundig in ihrem Café spürbar ist.

Eröffnet hat sie Elisabeths Platzerl im Februar 2012 und von Anfang an lässt sie ihre zahlreichen Follower in den Sozialen Netzwerken an jedem Schritt ihres unnachahmlichen Cafés und Lebenswegs teilhaben. Denn was heute so fröhlich, pink, positiv und leuchtend daherkommt, hat seinen Ursprung in Elisabeth, die unbeirrbar ihren Weg gegangen ist. „Ich bin anspruchsvoll", sagt sie mit einer Über-zeugung, die keinen Zweifel aufkommen lässt.

Ihr beruflicher Werdegang begann mit einer fünfjährigen Ausbildung zur Haus-wirtschaftlichen Betriebsleiterin. Diese beinhaltete eine zweijährige Lehre zur Hauswirtschafterin, zwei Jahre Fachakademie und ein Jahr Praktikum auf einer Alm. Es folgten Jobs im Catering, bei Events und auf der Wiesn. „Doch dann wurde ich gefragt, ob ich eine thailändische Küche aufmachen möchte. Meine Antwort war: ‚A Café wär vui geiler, i bin ja keine Thailänderin!'" Damit hatte sie – ohne es zu wissen – schon ihre Zukunft heraufbeschworen.

Doch zunächst stellte sie einen Businessplan auf und reichte ihn bei der Bank ein. „Es war der erste Businessplan meines Lebens und der war wirklich nicht so gut. Es wundert mich eigentlich nicht, dass ich eine Absage bekam", erzählt Elisa-beth lachend.

An ein Aufgeben war bei Elisabeth, die mehrmals die Woche auf die umliegenden Berge klettert, Einrad und Mountainbike fährt und im Winter auf Skiern unterwegs ist, nicht zu denken. Denn sie ist eine Kämpferin und wird von einer natürlichen inneren Kraft getragen, die sie vor Tatendrang sprühen lässt.

Elisabeth startete ihr Café also ohne Geld von der Bank, bekam Möbel von den Eltern und Großeltern. „Ich bin ein spontaner und optimistischer Mensch und habe immer sofort Plan B, C, D, E usw. im Kopf, folge keinen starren Vorstellungen."

Mit ihrem rosa „Wagerl" bringt Elisabeth ihre „Alpenmischung" aus der „Tegernseer Kaffeerösterei" überall hin.

Elisabeths Lieblingsfarbe ist leicht zu erraten! Dank der pinken Rauten erkennt man ihr Gefährt auch schon von Weitem.

Sie fing also mit wenigen helfenden Händen an und konnte sich auf ihre zahlreichen Verwandten verlassen, die als Gäste kamen. Heute sind Elisabeths Platzerl und seine engagierte Chefin nicht mehr aus Miesbach wegzudenken.

Die Cafébetreiberin ist eine begnadete und charmante Bäckerin und wohl deshalb kommt auch das ZDF immer wieder auf die Miesbacherin zu. Mehrmals schon konnte man in der Sendung „drehscheibe" ihre „Küchenträume" bewundern. Mit ihrem heute achtköpfigen Caféteam zaubert Elisabeth die außergewöhnlichsten Kreationen.

Auch das Interieur des Cafés spiegelt diese Kreativität wider. Wer vor dem Haus ihren Transporter entdeckt, über und über mit pinken Rauten versehen, der mag erahnen, was im Inneren auf die Gäste wartet. Elisabeths Platzerl ist pink, es ist bunt, gemütlich und einladend. Über einem Tisch hängt ein farbenfroher Kristallkronleuchter und überall kann man Dinge entdecken, die Elisabeth zusammengetragen oder selbst gebastelt hat. Je nach Saison und Stimmung findet man hier Girlanden, Bilder, Postkarten und Geschirr und natürlich das passende Gebäck. „Wir backen hier alles frisch mit Dinkelmehl. Außerdem verwenden wir nur Andechser Bio-Schlagrahm. Der Apfelsaft kommt von einer Nachbarin. Es ist ganz einfach: Ich kaufe nur ein, was ich auch mag."

Beim Kaffee macht die Cafébetreiberin ebenfalls keine Kompromisse. Seit einiger Zeit bietet sie sogar eine eigene Röstung an, die man auch kaufen kann. „Elisabeths Alpenmischung" wurde von der „Tegernseer Kaffeerösterei" (Seite 150) exklusiv für sie kreiert und besticht durch Walnuss-, Schokoladen- und Toffee-Noten. Diesen Kaffee schenkt sie auch in ihrem „rosa Wagerl" aus, mit dem sie auf Festen und Veranstaltungen unterwegs ist.

Fragt man Elisabeth, was ihr wichtig ist, dann spricht sie von ihren Gästen, aber auch von ihrer eigenen Freiheit. „Hier im Café fühle ich mich dahoam und daneben habe ich meine Berge. Es gibt so vieles, das mich glücklich macht. Wenn die Leute hier zsammrücken und gern hier sind, dann erfüllt mich das."

Elisabeths Backkünste sind legendär, deshalb greift auch das ZDF immer wieder gern darauf zurück.

Elisabeths Schoko-Mandel-Kirsch-Kuchen

Eine Springform einfetten und mit Semmelbröseln auskleiden. Den Teig einfüllen. Die Kirschen auf dem Teig verteilen. Den Kuchen für mindestens 60 Minuten bei 180 Grad (Ober- und Unterhitze) backen. Mit der Stäbchenprobe prüfen, ob der Kuchen durchgebacken ist. Nach kurzem Abkühlen noch mit Puderzucker garnieren und genießen.

Für eine Springform (28 cm Durchmesser)

Zutaten

**40 ml frisch gebrühter Espresso
(1 Espressotasse)**
200 g Zartbitterschokolade
250 g Zucker
250 g Butter
6 Eier
300 g gemahlene Mandeln oder Haselnüsse
100 g Dinkelmehl (Type 630)
1 TL Backpulver
1 Prise Salz
1 Glas entsteinte Sauerkirschen
etwas Butter sowie Semmelbrösel

Zubereitung

Den Espresso aufbrühen und etwas abkühlen lassen. Ein Tipp: Wer keine Maschine oder Kanne hat, kann auch etwas stärkeren Filterkaffee oder lösliches Espressopulver nehmen.
Die Schokolade in der Zwischenzeit mit dem Messer in kleine Stücke hacken. Den Zucker mit der Butter verrühren, nach und nach die Eier dazugeben, bis die Konsistenz cremig ist. Dann den Espresso, die Schokolade und die Nüsse unterrühren. Anschließend das Mehl, das Backpulver und das Salz dazugeben und auf mittlerer Stufe mit dem Handrührgerät verquirlen.

Elisabeths Alpenmischung und
dazu hausgemachter Kuchen – passt!

Und weil Menschen wie Elisabeth immer Träume haben, träumte sie davon, auf den Berggipfeln zu kochen. Und damit hat sie auch schon angefangen. Ihre kulinarischen Bergerlebnisse kann man in den sozialen Netzwerken hautnah verfolgen.

 Elisabeths Platzerl Stadtplatz 1, 83714 Miesbach, www.facebook.com/ElisabethsPlatzerl

Cafélotte Bar

„KAFFEE, KUNST UND
GUTES ESSEN!"

¶

Manchmal verraten bereits kleine Details vor dem Betreten eines Cafés, dass man es hier mit etwas Außergewöhnlichem zu tun hat. Zum Beispiel, wenn im Fenster eines denkmalgeschützten oberbayerischen Hauses eine afrikanische Skulptur hockt und den Gästen daraus entgegenblickt. Doch wie besonders die Geschichte der Familie Tomschiczek tatsächlich ist, ahne ich noch nicht, als ich durch die Tür der CafélotteBar in der Kirchzeile in Bad Aibling trete.

Sofort werde ich von der Gastfamilie herzlich begrüßt. Die CafélotteBar ist ein Familienbetrieb im besten Sinne. Die Eltern Rosi und Nik Tomschiczek betreiben sie gemeinsam mit ihren Kindern Lisa, Nina und Jakob. Zu Ehren der ehemaligen Hauseigentümerin, von der die Familie das Haus gekauft hat, wurde das Café „Lotte" genannt.

Eröffnet wurde die CafélotteBar 2010. „Alles hat ganz klein angefangen, mit vier Tischen", berichten mir die Tomschiczeks. Dass daraus inzwischen ein großzügiges Café mit einem wunderschönen Außenbereich geworden ist, verdankt die Familie ihrem Zusammenhalt und sicher auch dem Umstand, dass sie vorher schon ein Geschäft hatten, auch wenn das etwas ganz anderes gewesen war.

„Eigentlich bin ich Fischwirt, also Berufsfischer", erklärt Nik Tomschiczek mit einer Spur Stolz in der Stimme und für mich macht plötzlich auch der „hausgeräucherte Label Rouge Lachs" auf der Speisekarte Sinn. Bevor sich die Familie dem Cafébetrieb zuwandte, gab es also ein Fischfachgeschäft, das von der Fachzeitschrift „DER FEINSCHMECKER" als eines der zehn besten in Deutschland ausge-

Rosi Tomschiczek und ihre Töchter Lisa (links) und Nina (rechts)

168

zeichnet wurde. „Dort haben wir auch schon für die Gäste gekocht. Unsere Töchter haben oft 25 Kilogramm Kartoffeln für den Backfisch mit Kartoffelsalat geschält", erinnert sich Rosi. Schon damals packten alle in der Familie mit an und diesen Zusammenhalt spürt man auch heute noch. Der Fischladen entwickelte sich zu einem beliebten Treffpunkt in Bad Aibling.

Doch da die Familie eine besondere Leidenschaft für italienisches Ambiente, Espresso und den Süden hat, war der Schritt zur CafélotteBar gar nicht so weit. Tochter Lisa hatte inzwischen in Italien Foodmanagement studiert. Die zweite Toch-

Das Café startete mit vier Tischen, inzwischen finden zum Glück viele Gäste einen Platz.

**In der CafélotteBar schleicht die
Kunst auch durch das Schaufenster.**

ter, Nina, hatte in Triest die Kaffeekultur kennengelernt und war außerdem in Australien,
Kanada und Südamerika unterwegs. Schließlich fanden alle wieder zusammen und sagen
heute: „Am schönsten ist es in Bad Aibling."

Der italienische Einfluss ist aber allgegenwärtig: Ausgeschenkt wird der kräftige
Kaffee der Marke „Illy" aus Italien und der
kommt aus einer stattlichen Faema-E71-
Espressomaschine. Daneben gibt es einen
Filterkaffee aus der Rösterei „bohnenreich"
aus Kolbermoor.

Täglich liefert „Der Tortenschmied" aus
Weyarn frische Torten und Kuchen. Qualität
ist den Cafébetreibern nämlich äußerst
wichtig. Die Marmelade ist hausgemacht und einen Großteil ihres Gemüses und
Obstes bauen sie sogar selbst an. An drei Monaten im Jahr, während der Saison,
fährt Nik mit seinem alten Traktor auf den eigenen Acker, erntet frischen Salat,
Bohnen, Artischocken und Tomaten oder pflückt Äpfel, Birnen und Zwetschgen.
„Wir brauchen sehr viel Salat, also ‚machen' wir uns einen", erzählt er mir mit der
ihm eigenen Selbstverständlichkeit. „Je nachdem was ich vom Feld mitbringe,
improvisieren unsere Köche und stellen passende Gerichte zusammen. Und im
Keller liegen die eigenen Kartoffeln der Sorte ‚Nicola'. Alles wird frisch gekocht,

171

nichts kommt aus der Tüte und eine Mikrowelle gibt es bei uns auch nicht!"

Kulinarisch kommen die Gäste also voll auf ihre Kosten und auch die Einrichtung des Cafés ist geschmackvoll. Fußboden, Tische und Stühle sind aus Holz und geben dem Raum eine einladende Atmosphäre. Hier verbringt man gerne seine Zeit und kann sich einfach wohlfühlen. Und wenn die Sonne scheint, dann kann man sich draußen rund um das Haus vom ersten Espresso in der Früh bis zum abendlichen Spritz von ihren Strahlen wärmen lassen. Bei allen Gästen beliebt sind auch die regelmäßig stattfindenden musikalischen Abende.

Das alles ist schon Grund genug für einen Besuch, doch dann gibt es ja auch noch die vielen auffälligen Kunstwerke im Café! Zeitgenössische Malerei in großen Formaten oder geschmackvoll zusammengestellte Bilderserien – und immer wieder afrikanische Skulpturen und Masken. Ich frage mich, wie mögen sie ihren Weg nach Bad Aibling gefunden haben? Es ist also an der Zeit, das letzte Geheimnis dieses außergewöhnlichen Cafés zu lüften ...

Die Erklärung ist eigentlich ganz einfach: Während Nik schon als Kind gerne angelte und später leidenschaftlicher Berufsfischer wurde, war und ist sein Vater mit Leib und Seele Künstler. So kommt es, dass der renommierte und mehrfach ausgezeichnete deutsche Maler und Künstler Peter Tomschiczek (www.tomschiczek-galerie.de) dafür sorgt, dass die CafélotteBar auch eine Kunstgalerie ist. Die

Man findet die eigenen und gesammelten Werke von Peter Tomschiczek wirklich überall im Café. Da kann man sich beim Kuchenessen genüsslich der Betrachtung hingeben.

Frische Miesmuscheln in Weißwein-Kräutersud

Zutaten für 4 Portionen
Olivenöl
2 rote Zwiebeln
6 Tomaten
2 Knoblauchzehen
2 kg Muscheln
1 l kräftiger Weißwein
250 g Butter
1 Bund Petersilie
Salz
Pfeffer aus der Mühle

Zubereitung
Das Olivenöl in einem großen Topf erhitzen. Die grob gewürfelten Zwiebeln, Tomaten und den Knoblauch dazugeben. Dann die kurz unter kaltem Wasser gewaschenen Muscheln hinzufügen. Alles vermischen und mit dem Weißwein ablöschen. Einen Deckel auf den Topf legen. Das Ganze jetzt ca. 10 Minuten köcheln lassen.

Wenn sich die Muscheln geöffnet haben, die Butter in kleinen Stücken und die gehackte Petersilie dazugeben. Mit Salz und Pfeffer würzen.

Dazu kann man frisches Baguette reichen oder selbst gemachte Backofen-Kartoffelecken, dann nennt sich das Ganze „Moules Frites". Eine leckere Aiolisauce passt auch prima dazu!

Wenn ein Fischwirt an Bord eines Cafés ist, stehen neben hausgeräuchertem Lachs auch jeden Donnerstag Muscheln auf der Karte.

afrikanischen Skulpturen brachte er von seinen zahlreichen Reisen mit. Seine eigenen Werke schmücken aber nicht nur die Wände der Café-lotteBar, man findet sie u.a. auch im Wirtschaftsministerium, in der Staatlichen Graphischen Sammlung in München und in Museen.

Seine Kunst gibt dem Café eine einzigartige Atmosphäre. An diesem außergewöhnlichen Platz, an dem Kunst und Kultur eine große Rolle spielen, kann man es sich einfach gutgehen lassen.

 CafélotteBar Kirchzeile 2, 83043 Bad Aibling, www.cafelottebar.de

Café Innig

„VON GANZEM HERZEN – KAFFEE, KUCHEN, KÖSTLICHKEITEN!"

¶

Sebastian Pyhrr hat ursprünglich Betriebswirtschaft studiert und zunächst zehn Jahre in der Personalentwicklung gearbeitet, bevor er in die Gastronomie wechselte und darin seine wahre Berufung fand. Heute kann man ihn guten Gewissens als „alten Hasen" in der Gastronomiebranche bezeichnen. Jahrelang hat er in München ein Café betrieben, bevor er im Juli 2011 zusätzlich das Café INNIG in Rosenheim eröffnete. „INNIG, da steckt eigentlich alles drin", sagt er, „unser inniges Verhältnis zu den Gästen und auch untereinander, der Inn, unser Fluss in Rosenheim, und die Innstraße, in der das Café liegt."

Das INNIG gehört zu den größeren Cafés, die ich während meiner Reise besucht habe, und trotzdem versprüht es Gemütlichkeit und ein ganz besonderes Flair.

Auf der Speisekarte findet man eine große Auswahl an Frühstücksvariationen, die alle die Namen von Städten tragen: Rosenheim, Dublin, Brüssel, Barcelona oder Innsbruck, bei dieser Auswahl fällt es schwer, sich zu entscheiden. Handbeschriebene schwarze Tafeln über der Theke verraten den Gästen auf einen Blick, was das Café darüber hinaus noch im Angebot hat. Sebastian lacht, als ich ihn nach der besonderen Gestaltung der Tafeln frage: „So eine Schrift habe ich mal in einem Wäschegeschäft in der Nähe der Oper gesehen und wollte das hier unbedingt genauso haben."

Wer sich von der verführerischen Speisekarte losreißen kann, für den gibt es in diesem kreativen Ambiente noch viel zu entdecken. Schaut man sich um, findet man ein Retro-Lastenfahrrad, an der Wand ein Windrad, Birkenstämme und Felle.

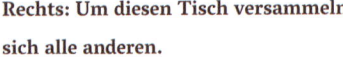

Rechts: Um diesen Tisch versammeln sich alle anderen.

All das fügt sich wie selbstverständlich zusammen und harmoniert ausgezeichnet mit den alten Tischen, über denen Industrielampen leuchten. Mir fällt besonders ein runder Tisch ins Auge, der genau im Zentrum steht. „Zu diesem Tisch habe ich ein besonderes Verhältnis", verrät mir der Cafébetreiber. „Ich hatte ihn vor Jahren in einem Antiquitätengeschäft gesehen und nie wieder vergessen können. Schon bevor ich das INNIG eröffnete und die Einrichtung noch plante, hatte ich den Tisch gekauft. Alle anderen Tische mussten dann zu ihm passen." Sebastian streicht über die Tischplatte. „Er hat eine ‚Narbe' – schau, an dieser Stelle wurde eine Steinfliese eingesetzt. Er ist ein bisschen verletzt, so wie manche Menschen auch. Er ist einfach authentisch ..."

Die Räume des Cafés beherbergten früher eine alte Fabrik, einen Steinmetzbetrieb. Man hat sich bewusst dafür entschieden, die Vergangenheit sichtbar zu lassen, und so findet man überall an den Decken Kranelemente oder glänzende Rohre.

Dieser charmante Industrie-Stil passt perfekt zur entspannten Atmosphäre im Café. Besonders die offene Küche kommt bei den Gästen gut an. Auch die Kinder gucken den Konditoren gern bei der Arbeit zu. Da wird der Cafébesuch zu einem Erlebnis!

„Wir haben hier eine richtige Backstube, in der alles selbst gebacken wird. Dabei bevorzugen wir für die Kuchen Dinkelmehl aus der ‚Wagenstaller Mühle‘, Roh-Rohrzucker und regionale Eier vom Hühnerbauern mit viel Platz für die frei laufenden Hühner." Qualität ist für Sebastian und sein Team elementar. Er selbst steht auch noch viel in der Küche und kocht mit. „Es geht, wie so oft, auch um die kleinen Dinge, auf die man achten muss: das Brot, die Brezn oder das Baguette. Wir verwenden beste Zutaten und haben nur Zulieferer, denen wir voll und ganz vertrauen. Die Gäste belohnen uns dafür, indem sie zum Frühstücken, Mittagessen oder auf Kaffee und Kuchen zu uns kommen." 2014 wurde das INNIG von der Zeitschrift „DER FEINSCHMECKER" als eines der besten Cafés Deutschlands ausgezeichnet.

Man sitzt sowohl drinnen als auch draußen angenehm und kann das Wetter entscheiden lassen.

Es gibt zwei Kaffeelieferanten. Einmal die Rösterei „Mokaflor" aus Florenz, die für „Pano" produziert, zum zweiten die regionale Rösterei „bohnenreich" in Kolbermoor. Beide Kaffeesorten sind sehr säurearm und haben kaum Bitterstoffe.

Neben einem Team von nach Köpfen etwa dreißig Mitarbeitern, das entspricht ca. acht Vollzeitangestellten, hilft auch Sebastians Familie mit. Seine Schwester Christine, auch Tinda genannt, ist ordnende Hand und seelische Stütze, sein Vater Uly kümmert sich mit seinen neunzig Jahren noch um den Garten. Ihm ist es zu verdanken, dass man an schönen Tagen so herrlich draußen sitzen kann.

Und weil die besondere Werksatmosphäre geradezu dazu einlädt, sie mit Musik zu füllen, finden hier regelmäßig Veranstaltungen mit Livemusik statt. Mehr kann man sich nun wirklich nicht mehr wünschen!

Café INNIG Innstraße 13, 83022 Rosenheim, www.innig-rosenheim.de

Die Himmlische mit Himbeeren

Für 2 Springformen(!) (jeweils 26 cm Durchmesser)

Zutaten für den Teig

125 g Butter

75 g Zucker

5 Eigelb

50 g Milch

100 g Mehl

1 TL Backpulver

Zutaten für das Baiser

5 Eiweiß

1 Prise Salz

250 g Zucker

Zutaten für die Creme

200 ml Sahne

75 g Zucker

6 Blatt Gelatine (oder Agartine oder San-apart)

300 g Sauerrahm

Saft einer halben Zitrone

Zusätzlich

200 g gehobelte Mandeln

300 g Himbeeren (frisch oder tiefgekühlt, je nach Saison)

Zubereitung

2 Springformen fetten und bemehlen. Den Backofen auf 180 Grad (Umluft) vorheizen.

Für den Teig die Butter mit dem Zucker schaumig rühren, dann das Eigelb und die Milch nach und nach dazugeben. Das Mehl mit dem Backpulver vermischen und unterheben.

Für die Baisermasse das Eiweiß mit einer Prise Salz steif schlagen. Sobald es halbsteif ist, den Zucker einrieseln lassen und so lange weiter schlagen, bis es glänzt und sehr fest ist.

Den Teig in zwei Teile teilen und auf die Formen verteilen und glatt streichen. Die Baisermasse jeweils zur Hälfte darauf verteilen und mit einem in kaltes Wasser getauchten Löffel Berge und Täler in die Baisermasse ziehen.

Die Mandelblättchen ebenfalls hälftig auf der Baisermasse verteilen.

Die beiden Böden im vorgeheizten Ofen bei 180 Grad (Ober- und Unterhitze) ca. 20 bis 25 Minuten golden backen. Die Böden nach dem Backen auf einem Kuchengitter auskühlen lassen.

Für die Creme die Sahne steif schlagen und dabei den Zucker einrieseln lassen. Die Sahne unter den Sauerrahm heben. Die Gelatine in kaltem Wasser einweichen, ausdrücken und in dem erwärmten Zitronensaft auflösen. Drei Esslöffel der Creme hinein rühren, um die Temperatur an die Creme anzugleichen. Dann die Gelatinemischung zügig unter die Sahnecreme rühren.

Die Torte lässt sich auch genauso gut mit Agartine oder San-apart herstellen. Dazu bitte nach der Anweisung auf der Verpackung vorgehen.

Einen Boden auf eine Tortenplatte setzen und mit dem Tortenring umschließen. Die Hälfte der Creme darauf streichen, die Himbeeren darauf verteilen und die restliche Creme darauf geben, dann glatt streichen.

Den zweiten Boden als Deckel aufsetzen und die Torte abgedeckt im Kühlschrank mindestens 4 Stunden, besser aber über Nacht, fest werden lassen.

Tipp: Die Torte lässt sich auch sehr gut einfrieren.

30

Café Zeitschmiede

„DIE SEELE BERÜHREN!"

¶

Wenn ein Haus eine Geschichte erzählen könnte, dann wäre der ehemalige Textil- und Kurzwarenladen von Sophie Wagner zwischen Rathaus und Kirche in Forstinning sicher sehr gesprächig. Sophie liebte den Laden, den sie in der ehemaligen Schmiede und Wagnerei ihres Vaters eingerichtet hatte. Dort konnte man Wolle, Knöpfe, Strümpfe, Nähseiden und vieles mehr kaufen. Ihr größter Wunsch war es, dass das Haus noch lange bestehen bleibt. Als Marcus Stimmer es von seiner Großtante erbte, vergaß er deren sehnlichsten Wunsch nicht. Doch was sollte aus dem Haus werden? Gemeinsam mit seiner Frau Angela hatte Marcus die Idee, dort, wo früher das Schmiedefeuer loderte, ein Café einzurichten. Ein wenig Erfahrung brachten die beiden aus ihrem „Waschhäusl" in Pöcking mit (Seite 56).

Als Angela und Marcus schließlich im Oktober 2016 ihr Café eröffneten, war der Name Programm: Das Café Zeitschmiede verbindet die Geschichte des Hauses mit der Philosophie, den schnelllebigen Alltag hinter sich zu lassen und seine Zeit auf angenehme Art und Weise zu verbringen.

„Hier begegnen sich Alt und Jung in gemütlicher Atmosphäre, man kann sich mit Freunden treffen oder auch neue Leute kennenlernen", sagen die beiden sympathischen Cafébetreiber heute. Sie haben sich bei der Einrichtung dieses einzigartigen Ortes große Mühe gegeben. Schon beim Blick durch das große Schaufenster machen die eisernen Buchstaben mit dem Namenszug neugierig. Betritt man das Café, ist man sofort angetan von dem gemütlichen Wohnzimmerambiente. Fußboden, Tische und Stühle aus Holz, goldene Bilderrahmen, Stehlampen, ein

altes Telefon mit Wählscheibe, ein Klavier – man fühlt sich gleich gut aufgehoben und zuhause.

Fotos aus alten Zeiten zeigen die Geschichte des Gebäudes und die Menschen, die hier gelebt und gearbeitet haben. Daneben findet man überall Uhren, deren Zeiger für einen Moment stehen geblieben zu sein scheinen und deren stumme Aufforderung den Raum durchdringt: Lass den Stress draußen, hier darfst du anhalten, hier darfst du zur Ruhe kommen. Typografisch stilvoll gesetzte Verse an den Wänden vertiefen diesen Eindruck.

Marcus erzählt von einer kleinen Begebenheit, die typisch für das Café Zeitschmiede ist: „Einmal kam ein Gast hereingestürmt und wollte einen Coffee to go. ‚Den gibt es bei uns nicht, wir haben hier nur Coffee to stay, aber bleib halt fünf Minuten, wir beeilen uns', hab ich ihm geantwortet." Marcus lächelt, wenn er daran zurückdenkt. „Der Gast blieb schließlich eineinhalb Stunden und hat sich am Ende bei uns bedankt. So kann es gehen, wenn man in der Zeitschmiede ist."

Angela wärmt Herz und Seele ihrer Gäste beim Servieren, alles Übrige tut der gute Kuchen.

Auch für die Qualität nimmt sich das Ehepaar Stimmer Zeit. „Hier gibt es nur das, was wir selber auch essen und trinken würden, überwiegend in Bio-Qualität und regional", betont Angela, die in ihrem früheren Leben im Landwirtschaftsministerium im Bereich Naturschutz gearbeitet hat. Doch irgendwann hatte sie das Gefühl, dort zu wenig bewirken zu können. Vielleicht aus diesem persönlichen Wunsch heraus, mehr tun zu wollen, wartet das Café Zeitschmiede deshalb mit einer absoluten Besonderheit auf: Hier kann man sich von Angela in einem extra dafür eingerichteten Raum mit einer „Achtsamkeitsmassage" („insightouch") verwöhnen lassen. Die Anmeldung erfolgt ganz einfach über das Café.

Und während der eine im Massageraum die Seele baumeln lässt, genießt der andere den ausgezeichneten Kaffee. Der kommt aus der „Andechser Kaffeerösterei". Der Röster Reiner Leonhardt hat sich in Andechs-Erling eine kleine, aber feine Rösterei eingerichtet. Die Qualität des Kaffees hat Angela und Marcus sofort überzeugt. „Für uns war von Anfang an klar: Siebträgermaschine und Kaffee müssen perfekt sein", erzählen die beiden Cafébetreiber. „Schließlich schaffen das die Italiener mit Leichtigkeit. Jedes Dorf in Italien hat eine ordentliche Espressobar. Das wollten wir auch!"

Warm und knusprig warten die gefüllten Croissants auf ihre Abnehmer.

sein Leben zu leben.

Zum guten Kaffee gibt es selbst gemachte Kuchen, glutenfreie Brownies oder Schmalzgebäck. Das Angebot wird durch aufwendige Kuchen und Torten aus einer Konditorei in Pöcking abgerundet. Selbstverständlich kann man im Café Zeitschmiede auch ganz wunderbar frühstücken und sich bei der Gelegenheit den Honig von Angelas Onkel aus Freising und die Marmelade ihrer Mutter schmecken lassen. Sie macht auch das Schmalzgebäck, das bei den Gästen so gut ankommt. Kinder sind herzlich willkommen und finden einige Spiele und Bücher zum Zeitvertreib. Das Team im Café Zeitschmiede besteht neben dem Ehepaar Stimmer noch aus zwei bis fünf „Mädels", die gern auch als Gäste kommen, wenn sie keinen Dienst haben.

Das Café Zeitschmiede ist eine Zeit-Oase, in der man gern bleiben möchte.

Omas Schmoiz-Hubberl

(Niederbayerisches Schmalzgebäck)

Zutaten für ca. 10 – 12 Hubberl

40 g frische Hefe
1/8 l Milch
750 g feines Mehl
50 – 80 g Zucker
5 Eigelb oder 3 Eigelb und 1 ganzes Ei
ca. 120 g zerlassene Butter
Prise Salz
100 g Weinbeeren (Rosinen)

Zubereitung

Hefeteig herstellen aus Hefe, Milch, Mehl, Zucker, Eigelb, zerlassener Butter und Salz: Die Hefe in die lauwarme Milch bröckeln und umrühren, bis keine Bröckchen mehr sichtbar sind.

Jetzt das Mehl in eine große Schüssel geben, in die Mitte eine Mulde drücken, das lauwarme Hefe-Milch-Gemisch und dann den Zucker dazugeben, etwas verrühren und kurz (max. 10 Minuten) zugedeckt an einem warmen Platz stehen lassen.

Danach die übrigen Zutaten (Eigelb / Ei, zerlassene Butter und eine Prise Salz) und zuletzt die gewaschenen, abgetrockneten und mit Mehl bestäubten Weinbeeren hinzugeben.

Im Anschluss daran wird die Masse mit einem Kochlöffel zu einem gut abgeschlagenen, feinen Hefeteig verrührt.

Die Schüssel mit dem Teig nun mit einem Tuch zudecken und an einem warmen Platz stellen, bis der Teig mindestens die doppelte Menge erreicht hat (das Tuch sollte vom Teig gehoben werden).

Nun den Teig auf eine bemehlte Arbeitsfläche geben, ca. 6 bis 8 Zentimeter runde Nudeln (Hubberl) formen und zugedeckt nochmal gut gehen lassen. Danach die Teig-Hubberl in heißes Fett (z. B. 1/3 Butterschmalz, 2/3 Raps- / Sonnenblumenöl) geben, auf der Oberseite mit einer Schere in der Mitte über Kreuz einschneiden und dann langsam auf beiden Seiten goldbraun backen. Backzeit: ca. 8 Minuten.

Und als wäre das alles noch nicht Grund genug, sich einmal nach Forstinning ins Café Zeitschmiede zu begeben, gibt es über das ganze Jahr verteilt auch noch jede Menge Veranstaltungen. Livemusik, Lesungen, Matineen, Filmvorführungen oder ein philosophisches Café – all das kann man in einer bayerischen Gemeinde erleben, die gerade einmal rund dreieinhalbtausend Einwohner hat. Dank Angela und Marcus ist ein Ort entstanden, an dem das Feuer weiter brennt – Tante Sophie würde das sicher freuen.

 Café Zeitschmiede Mühldorfer Straße 10, 85661 Forstinning, www.cafe-zeitschmiede.de

31

Café Herzstück

„EIN HERZ VOLLER FREUDE!"

¶

Franziska Haushofer ist gelernte Rechtsanwaltsfachangestellte und kümmerte sich – wie sie selbst sagt – um die Sorgen der anderen. Doch schon lange gab es den Traum vom eigenen Café. Oft saß sie mit ihrer Mutter Karin zusammen und beide sprachen wie selbstverständlich von diesem Wunsch: „Wenn wir ein Café haben, dann…"

Franziska erinnert sich gern an die vielen schönen Momente, die sie in den unterschiedlichsten Cafés schon erlebt hat. „Das war einfach eine Atmosphäre, in der ich mich immer sehr wohlgefühlt habe."

Zudem brachte sie bereits einige Erfahrungen aus einem Nebenjob in einer Bäckerei samt Café mit. Es verwundert also nicht, dass sie stets mit einem Auge nach geeigneten Räumen Ausschau hielt. Als dann das ehemalige Café „Almuts" in Pastetten, und damit in unmittelbarer Nähe zu ihrer Wohnung, frei wurde, wagte sie den mutigen Schritt. Sie kündigte ihren Job, absolvierte einen Barista-Kurs an der „German Barista School" in Puchheim bei Thomas Kraft und eine IHK-Schulung und fühlte sich bereit für den großen Schritt. „Ich bin vor allem auch meinen Eltern sehr dankbar für ihre Unterstützung, ohne die ich es sicher nicht geschafft hätte!" Ihre Mutter arbeitet regelmäßig mit und auch Steffi, eine ehemalige Arbeitskollegin aus der Kanzlei, ist Teil des Teams.

Am 1. November 2018 eröffnete Franziska ihr Café direkt im Herzen der Zweieinhalbtausend-Seelen-Gemeinde Pastetten im Landkreis Erding. Der Name „Herzstück" ist hier Programm.

kaffee   café herzstück

ESPRESSO.................... 1,90
ESPRESSO DOPPELT...... 2,60
ESPRESSO MACCHIATO.. 2,00
ESPRESSO DOPPELT
MACCHIATO................... 2,70
CAPPUCCINO KLEIN...... 2,40
CAPPUCCINO GROSS..... 2,90
KAFFEE CREMA KLEIN... 2,20
KAFFEE CREMA GROSS.. 2,80
MILCHKAFFEE............... 3,10
LATTE MACCHIATO........ 3,10

Baileys-
Latte
4,30€

COFFEE BAR

Von Anfang an hatte die Cafébetreiberin ein jugendliches, frisches Ambiente im Kopf. „Ich wünsche mir, dass das Herzstück zu einem Treffpunkt von Pastetten wird. Ein Ort, an dem jeder dem stressigen Alltag für eine selbstbestimmte Zeit entfliehen kann."

Dieser Wunsch spiegelt sich auch in der stilvollen Einrichtung wider. Jedem Gast dürfte sofort die schwarz-weiße Motivtapete auffallen, die eine Alpenlandschaft zeigt und sich über die Fläche einer kompletten

Innen eine Panoramatapete und Farbakzente, draußen Café-Idylle – im Herzstück ist es einfach schön!

Wand erstreckt. Dazu gesellen sich weiße Tische, eine umlaufende weiße Bank und als Farbtupfer dienen Kissen in Beerentönen. Eine kuschelige Lounge-Ecke lädt ebenfalls zum Verweilen ein. Dies alles wirkt so harmonisch und ausgewogen, dass man hier gerne seine Zeit verbringt. Die Cafébetreiberin freut sich darüber, dass ihr Café so gut von ihren Gästen angenommen wird: „Hier kommen Leute zusammen, die sich schon ewig nicht mehr getroffen haben. Die Stimmung im Herzstück ist locker."

Dafür sorgt auch die offene Küche, in der Franziska für das leibliche Wohl ihrer Gäste sorgt. In dem schönen Café in Pastetten kann man herrlich frühstücken, sämtliche Kuchen sind selbst gebacken, außerdem gibt es jeden Tag zwei bis drei Mittagsgerichte wie Pasta, Suppen oder Currys und nachmittags Pfannkuchen. Franziska genießt es, bei der Zubereitung der Gerichte mit ihren Gästen plaudern zu können. „Für mich hat das Backen und Kochen etwas Meditatives und ich möchte meine Gäste glücklich machen", erzählt sie mit einem strahlenden Lächeln. Das schafft sie mit Leichtigkeit.

Das Herzstück hat sich auch auf belegte Bauernbrote, Brezn, Panini und Bagels spezialisiert. „Es gibt zwei Bushaltestellen in der Nähe. Wer mag, kann sich seine Brotzeit hier

gleich mitnehmen", berichtet die Cafébetreiberin, die gern auf die Wünsche und Bedürfnisse ihrer Gäste eingeht. Deshalb gibt es freitags kesselfrische Weißwürste und manchmal spielt jemand spontan auf der Gitarre. „So ist das auf dem Land, da ist alles wahnsinnig persönlich", sagt Franziska.

Beim Kaffee setzt sie auf Regionalität und hat sich für die kräftige Röstung „Seventh" von „Merchant & Friends" (Seite 110) entschieden, die in der hochglänzenden Siebträgermaschine der Marke „Rocket" zubereitet wird. Und während ich mir einen perfekten Espresso schmecken lasse, schweift mein Blick über die vielen Blechschilder mit Sprüchen an der Wand.

Mir fällt direkt ein Spruch auf, der so trefflich zu Franziska und ihrem Traum vom eigenen Café zu passen scheint: „Das ist unmöglich", sagt die Angst. „Zu viel Risiko", sagt die Erfahrung. „Macht keinen Sinn", sagt der Zweifel. „Versuch's", flüstert das Herz. Wie gut, dass Franziska auf ihr Herz gehört hat!

Café Herzstück Hauptstraße 17, 85669 Pastetten, www.herzstueck-pastetten.de

Pfirsich-Raffaello-Torte

Für eine Springform (28 cm Durchmesser)

Zutaten

4 Eier
250 g Zucker
1 Päckchen Vanillezucker
200 g Mehl
1 Päckchen Backpulver
1 Dose Pfirsiche (Abtropfgewicht 480 g)
500 g Quark (40 % Fettanteil)
10 Raffaellos für die Creme
50 g Kokosraspeln
200 g Sahne
1 Päckchen Aranca (Aprikose-Pfirsich)
2 Päckchen weißer Tortenguss
300 ml Maracujasaft
150 g gehobelte Mandeln
12 Raffaellos zum Dekorieren

Zubereitung

Die Eier mit dem Handrührgerät schaumig rühren. 200 g Zucker und den Vanillezucker dazugeben und gut vermengen. Mehl und Backpulver hinzufügen und zu einem glatten Teig verrühren. Den Teig in eine gefettete Springform geben und 25 Minuten bei 175 Grad (Umluft) backen. Anschließend den Biskuitboden gut abkühlen lassen.

Die Pfirsiche gut abtropfen lassen und den Saft auffangen. 12 Pfirsichspalten als Deko beiseitelegen. Den Rest der Pfirsiche in ca. 2 Zentimeter große Würfel schneiden.

Den Quark, 10 gehackte Raffaellos, 50 g Zucker und die Kokosraspeln vermischen. In einer anderen Schüssel die Sahne steif schlagen und unter die Quarkcreme heben. Etwas Quarkcreme zum Bestreichen der Torte kühl stellen.

Den abgekühlten Biskuit zweimal waagrecht schneiden, sodass drei gleich hohe Böden entstehen. Einen Boden auf eine Tortenplatte setzen und mit dem Tortenring umschließen. Mit der Hälfte der gewürfelten Pfirsiche belegen. Den weißen Tortenguss mit Maracujasaft statt Wasser nach Packungsbeilage zubereiten und über die Pfirsiche geben. Die Hälfte der Creme darüber streichen. Den zweiten Boden darauf geben und den Vorgang wiederholen. Anschließend den letzten Boden drauflegen.

Aranca nach Packungsanleitung herstellen und statt Wasser den aufgefangenen Pfirsichsaft verwenden. Den Guss auf die Torte geben. Die Torte 2 Stunden kühl stellen.

Den Tortenring lösen und die Torte mit der gekühlten Creme außen bestreichen. Die Mandeln in einer Pfanne ohne Fett anrösten und abkühlen lassen. Anschließend an den Tortenrand drücken. Mit einem Tortenteiler die Torte in 12 Stücke teilen. Jedes Stück am äußeren Rand mit einer Pfirsichspalte und einem Raffaello dekorieren.

Mit ihrem Herzstück erfüllte sich Franziska ihren Traum vom eigenen Café.

32

SchokoOh
im Turmladen

„GENUSS AUF DER ALTEN STADTMAUER!"

¶

Wenn Tamara Reich-Haas heute in der mit Schmiedeeisen verzierten Tür ihres SchokoOh-Cafés steht, dann mag das für manche ein Blick in die Vergangenheit sein. Denn einige Erdinger kennen das ehemalige „Café Schnell" aus den vierziger Jahren vielleicht noch von den Erzählungen ihrer Eltern oder Großeltern. Ein Foto aus dieser Zeit zeigt die frühere Besitzerin Adelheid Schnell, wie sie ebenfalls in der Tür ihres Cafés im „Schönen Turm" lehnt. Im Jahr 1408 erbaut, ist er der letzte erhaltene Torturm der Erdinger Altstadt.

Es ist Tamara und ihrem Mann Josef zu verdanken, dass Gegenwart und Vergangenheit im SchokoOh so harmonisch nebeneinander bestehen. Denn bevor das Café im November 2011 eröffnete, haben sie die kleinen Räume liebevoll renoviert. Vielleicht liegt es an Tamaras vorherigem Beruf als Krankenschwester, dass sie dabei so umsichtig vorging. Ihr Mann Josef ist Schreiner, hat alles geplant und gebaut und so wurde Tamaras Jugendtraum wahr. „Ich habe meinen Beruf als Krankenschwester geliebt, aber das SchokoOh liebe ich noch viel mehr", erzählt sie heute. „Ich bin eben gern unter Menschen."

Der Name lässt schon erahnen, dass es sich hier um weit mehr als nur um ein reines Café handelt. Man kann sich beim Eintreten tatsächlich kaum ein erstauntes oder gehauchtes „Oh!" verkneifen. Denn neben Kaffee gibt es hier auch Schokoladen, Pralinen, verpackte und offene Täfelchen, Krokant, Nuss und Marzipan in feinsten Variationen soweit das Auge reicht. Bei diesem Anblick schmilzt jedes süße Herz dahin. Hier haben zwei Dinge zueinander gefunden, die von jeher gut zusammenpassen: Kaffee und Schokolade.

Und all das kann man in einem außergewöhnlichen Umfeld genießen. So befindet sich zum Beispiel direkt gegenüber der modernen italienischen Espressomaschine ein Original-Wandgemälde des bekannten Erdinger Malers Franz Xaver Stahl. „Der Tiermaler und Professor an der Kunstakademie München war früher Stammgast im Café Schnell", erzählt Tamara. „Einige seiner Bilder sind im Besitz der Bayerischen Staatsgemäldesammlung und eines ist eben auch hier. Es wurde aufwendig restauriert und ziert nun unseren Cafébereich."

Ein genauer Blick lohnt sich also! Auf der an der Wand entlanglaufenden Bank kann man gut sitzen und sich vom Angebot des SchokoOhs verführen lassen. Die angrenzende Glastür führt in den ummauerten, ruhigen Hinterhof mit den bunten Tischen und Stühlen. „An schönen Tagen kann man seinen Kaffee auch dort draußen in herrlicher Ruhe vom Erdinger Stadtgetümmel genießen."

Drinnen stehen drei, im Innenhof vier Tische. „Hier ist es klein und intim. Doch unsere Gäste rutschen gern zusammen und so entstehen gute Unterhaltungen", weiß die Cafébetreiberin zu berichten. Ein Tisch im Laden befindet sich sogar direkt auf der teilweise freigelegten alten Stadtmauer.

Im SchokoOh kommt ein Kaffee der Marke „OmKafè" aus der italienischen Rösterei der Familie Martinelli aus Arco in die Tasse. Tamara hat sich für die Sorte „Diamante" entschieden, die passenderweise eine feine Schokoladennote aufweist. „Der gute Espresso hat sich herumgesprochen, deshalb kommen auch viele Italiener und trinken ihn direkt an der Theke."

Direkt im „Schönen Turm" warten ein Café und viele Schokoladenträume auf Genießer. Linke Seite: Das Original-Wandgemälde stammt von Franz Xaver Stahl.

195

Zusätzlich gibt es viele Sorten Trinkschokolade, im Sommer Eis, täglich ein bis drei hausgemachte Kuchen und Feingebäck. Gründe für einen ausgedehnten Besuch im SchokoOh gibt es also zur Genüge, auch wenn dieser – jedenfalls in meinem Fall – schnell in einem schokoladenlastigen Einkauf münden kann.

Und wen es am Ende wundert, dass es neben den herrlichen Schokoladen und dem hervorragenden Kaffee auch noch sogenannte „Devotionalien", also „Gegenstände der Andacht", im SchokoOh zu kaufen gibt, der wird von Tamara erneut auf eine Reise in die Vergangenheit mitgenommen: „Hier gab es schon früher Süß- und Wachswaren für die Andacht der kleinen Leute. Wir wollen diese Tradition fortführen, deshalb kann man bis heute bei uns Taufkerzen, Hochzeits- und Kommunionskerzen, Marienfiguren, Weihwasserkessel oder Kreuze kaufen. Diese christlichen Geschenke sind Teil der Geschichte dieses Ortes."

Schoko-Tarte

Für eine Springform (26 cm Durchmesser)

Zutaten

200 g dunkle Schokolade (ca. 70 % Kakao)
200 g Butter
200 g Zucker
200 g gemahlene Mandeln
½ Päckchen Backpulver
1 Vanilleschote
4 Eier

Zubereitung

Die Schokolade zusammen mit der Butter
schmelzen, dann die Masse mit den restlichen
Zutaten vermischen (Zucker, Mandeln,
Backpulver, Mark der Vanilleschote und Eier).
Bei Bedarf etwas Mehl zufügen, falls der Teig zu
flüssig ist.
Die fertige Masse in eine gefettete Springform
füllen und im Ofen auf mittlerer Schiene bei
160 Grad (Ober-und Unterhitze) ca. 40 Minuten
backen.

„Unser Tipp: Die Schoko-Tarte kann nach Lust
und Laune verfeinert werden, zum Beispiel mit
Zimt und Kardamom, Rosenwasser, Orangen-
blütenwasser, Chili, Ingwer, Minze oder was man
sonst gerne mag."

Man spürt, wie sehr es der Cafébetreiberin am Herzen liegt, Gegenwart und Vergangenheit in Einklang zu bringen, und so
wird das liebevolle, kleine Café samt Schoko-
ladenladen im „Schönen Turm" garantiert
noch für viele „Ohs" sorgen.

 SchokoOh im Turmladen Landshuter Straße 18, 85435 Erding, www.schokooh.de

33

Green Leaf Café

„PFLANZLICHER LEBENSSTIL UND GENUSS!"

¶

„Was gibt es Veganeres als Bier?" Mit dieser Frage hat Lukas Rieder sofort meine Aufmerksamkeit. Und tatsächlich, dank des Reinheitsgebots ist Bier, das in Deutschland gebraut wird, ausnahmslos vegan. Doch als Lukas und seine italienische Freundin Nicole Esposto von einem eigenen Café träumten, dachten sie nicht nur an das bayerische Nationalgetränk: Die beiden wollten, dass alle Speise und Getränke rein vegan sind. „Das Wort ‚vegan' war uns dabei gar nicht so wichtig. ‚Pflanzlich' gefällt mir sogar besser", erzählt Lukas.

Kennengelernt haben sich die beiden Cafébetreiber unterwegs in Thailand. Und überhaupt scheint das Reisen eine Inspirationsquelle für das Paar zu sein, denn auch der Name „Green Leaf", also „grünes Blatt", fiel ihnen Weihnachten am Strand in Kambodscha ein. Erst kurz vor diesem Urlaub hatten sie die Zusage für die – zunächst sehr kleinen – Räume ihres zukünftigen Cafés bekommen. Lukas lacht, wenn er daran denkt: „Wir hatten eigentlich keinen richtigen Plan. Den haben wir dann mit einer Weihnachtsmütze auf dem Kopf am Strand gemacht!"

So starteten die beiden mit ihrem Green Leaf Café im März 2017 zunächst in sehr beengten Verhältnissen. Getragen wurden sie dabei von der Hoffnung, dass ihre Gäste auch für ein rein veganes Café bereit wären. „Wir sind beide überzeugte Veganer und wollen unseren Gästen diese alternative Lebensweise unkompliziert näherbringen."

Dabei gingen Lukas und Nicole es entspannt an. Ihnen kam zugute, dass Lukas, der zwischenzeitlich im Außendienst gearbeitet hatte, gelernter Konditor ist. „Es war auch ein bisschen der Weg zurück zu meinen Wurzeln", erzählt er. Nicole hatte

Grüne Blätter verraten die Philosophie dieses veganen Cafés.

acht Jahre in einer Kaffeebar und in einem vegetarischen Restaurant gearbeitet. Die Voraussetzungen waren also gut und nachdem die Erdinger sich an das rein pflanzliche Angebot gewöhnt hatten, lief das Café.

„Achtzig Prozent unserer Gäste sind gar keine Veganer, sie kommen einfach, weil es ihnen so gut schmeckt." Mehr als einmal vernahm Lukas schon den überraschten Ausruf: „Oh, das ist ja richtig gut!" „Es geht nicht darum, dass alle vegan leben. Die Leute sollen genießen und ihre Zeit gern bei uns verbringen", betont er.

Aufgrund seiner schmackhaften und sinnlichen Küche hat sich das Green Leaf innerhalb kürzester Zeit etabliert und konnte im Februar 2019 in neue, wesentlich größere Räumlichkeiten umziehen.

Nun finden zum Glück deutlich mehr Gäste einen Platz im Green Leaf und können sich hier einfach wohlfühlen. Bei der Inneneinrichtung setzten die Cafébetreiber auf natürliche Materialien. Holztische, einladend mit Samt bezogene Stühle und Kissen sowie kuschelige Nischen werden von einer indirekten Beleuchtung angenehm in Szene gesetzt. An den Wänden findet sich die Philosophie des Cafés

in filigranen Pflanzenzeichnungen wieder. Und wenn sich der Erdinger Himmel in einem tiefen Blau zeigt und die Sonne scheint, kann man herrlich draußen sitzen, den Vorbeikommenden beim Flanieren zusehen und dabei sogar ein veganes Eis genießen.

Die Qualität der Speisen, die allesamt äußerst liebevoll angerichtet werden, überzeugt. Sämtliche Kuchen (täglich vier bis sechs verschiedene), Bagels, Waffeln (aus Buchweizen oder Bio-Dinkelmehl) und auch die wechselnden Gerichte des Mittagstischs (Tipp: Mandel-Feta!) sind hausgemacht und ausnahmslos vegan. Und wer sich fragt, was Veganer denn so frühstücken, der findet auf der Karte beispielsweise Frühstücksbowls, Kichererbsen-Omelette oder frisch gebratene Pilze auf Öko-Rustikal-Brot. Etwa siebzig Prozent der Lebensmittel im Grean Leaf haben Bio-Qualität.

Doch auch Kaffeeliebhaber können sich freuen. Das Green Leaf gießt den „Gentleman's Blend" und den Direct Trade „Äthiopischer Wildkaffee", beide aus der

Bayerisches Bier, gebraut nach dem Reinheitsgebot, ist ausnahmslos vegan.

Vegane Donauwelle

Für eine Springform (28 cm Durchmesser)

Zutaten für den Teig

300 g Bio-Dinkelmehl
180 g Zucker
1 ½ EL Backpulver
½ TL Natron
150 g Alsan-Butter (Zimmertemperatur)
220 ml Soja-Vanille-Milch
50 ml Mineralwasser
2 EL Kakao
6 EL Soja-Milch
1 Glas Sauerkirschen

Zutaten für den Guss

250 g vegane Schlagfix-Sahne
1 Päckchen Sahnefest
Puderzucker nach Belieben
200 g Zartbitterschokolade

Zubereitung

Mehl, Zucker, Backpulver und Natron vermischen. Anschließend die Butter in Stückchen dazugeben, etwas rühren, dann langsam die Soja-Vanille-Milch und das Mineralwasser hinzufügen und locker aufschlagen.

Die Hälfte des Teigs nun in eine Backform geben. Den restlichen Teig mit dem Kakao und ein wenig Soja-Milch schokoladig rühren. Nun die zweite Schicht Teig auf die erste geben und nach Belieben mit einer Gabel vermischen. Danach die

abgetropften Sauerkirschen auf dem Teig verteilen und bei 180 Grad (Umluft) ca. 40 Minuten backen.

Für den Guss die Schlagfix-Sahne zusammen mit einem Päckchen Sahnefest aufschlagen und nach Belieben mit Puderzucker süßen. Die Zartbitterschokolade im Wasserbad zum Schmelzen bringen.

Den Guss auf dem abgekühlten Kuchen verteilen und die flüssige Schokolade darüber geben.

„Baruli Kaffeerösterei" in Stein an der Traun, in die Tassen ihrer Gäste. Aufgeschäumt wird mit einer pflanzlichen Milchalternative.

Als das Green Leaf 2017 eröffnete, war es seiner Zeit voraus, doch inzwischen ist eine pflanzliche Lebensweise in vielen privaten Haushalten angekommen. Wie wunderbar, dass in Erding jeder erfahren kann, wie gut diese Küche schmecken kann.

 Green Leaf Café Kleiner Platz 6, 85435 Erding, www.greenleafcafe.de

34

Velosoph

„RADKULTUR UND KAFFEE AUS LEIDENSCHAFT!"

¶

Im etwa dreißig Kilometer von München entfernten Freising habe ich ein sehr außergewöhnliches und charmantes Café gefunden. Schon allein der Name „Velosoph" verspricht etwas Besonderes und ich wurde nicht enttäuscht.

Niemand, der das Velosoph besucht, glaubt auch nur eine Sekunde lang, dass dies ein reiner Fahrradladen ist, in dem Fahrräder, Bekleidung und Zubehör verkauft werden! Denn schon beim Betreten fällt einem die Kaffeetheke im hinteren Teil des Geschäfts auf. Eine professionelle Espressomaschine, vorgewärmte Tassen, Qualitätskaffee – Michael Freidank hat im Januar 2017 einen einzigartigen Ort geschaffen. Dabei macht er hauptberuflich etwas ganz anderes!

Die Nähe zum Flughafen ist kein Zufall, denn Michael ist Fluglotse. Doch wie kommt man auf die Idee, neben seinem Beruf ein Café samt Fahrradladen zu eröffnen? „Weil Fluglotsen leider nicht kreativ sein dürfen!", antwortet Michael lachend und mir gehen sofort Bilder von einem wild herumhantierenden Fluglotsen durch den Kopf. Nein, das will wohl niemand. Dabei ist Michael richtig glücklich in seinem Beruf, doch es war ihm einfach nicht genug. Er träumte von einem Platz, an dem seine Leidenschaft für das Fahrradfahren und richtig guter Kaffee zusammenfinden. Das war die Geburtsstunde vom Velosoph!

Das Logo für das Ladencafé entstand auf einem Bierdeckel und es passte ganz wunderbar, dass im Wort „Velosoph" zwei „Os" vorkommen, aus denen man perfekt die beiden Fahrradreifen für den stilisierten Fahrradfahrer bilden kann. Michael ist begeistert davon, dass der Name so viele Bedeutungsebenen hat. „Er spielt auf

**Fahrräder kann man im Velosoph
natürlich auch kaufen.**

ein Lebensgefühl an, auf Philosophie; es geht nicht nur um Fahrräder, sondern um viel mehr."

Genau genommen hat Michael sein Fahrradcafé auch aus reinem Eigennutz gegründet. „Mir hat einfach so ein Ort in Freising gefehlt. Wo man sich mit anderen vor und nach dem Radfahren treffen kann, wo es guten Kaffee und Kuchen gibt. Ein Platz zum Losfahren und Ankommen."

Von hier aus organisiert er regelmäßig Ausfahrten, denen sich jeder anschließen kann. Denn Radfahren macht in der Gruppe doppelt so viel Spaß. Jeden Samstag im Sommer findet zum Beispiel ab 14 Uhr eine dreistündige Rennrad-Ausfahrt statt. Es gibt aber auch Einsteiger-Runden. Die genauen Termine werden auf der Facebook-Seite des Cafés bekannt gegeben.

Bislang sind die Fahrten noch kostenlos! Michael hat dazu eine klare Meinung: „Ich würde sowieso fahren, umso schöner, wenn noch ein paar mitfahren!"

Und am Ende der Touren – manchmal auch schon bevor es losgeht – finden sich alle auf einen Kaffee zusammen. Den Kuchen backt Freundin Julia oder er kommt aus einer Konditorei in Freising. Den hervorragenden Kaffee bezieht Michael von „Coffee Circle" aus seiner Geburtsstadt Berlin. Pro verkauftem Kilogramm Kaffee spendet die Rösterei einen Euro an soziale Projekte in den Kaffeeanbaugebieten. Michael hat sich durch alle Röstungen probiert und bietet einen fruchtigen „Sidamo" aus Äthiopien und einen Blend (Mischung) „Yirga Santos" aus äthiopischen, brasilianischen und indischen Bohnen mit Schokoladennote an.

„Eigentlich trinke ich erst richtig gern Kaffee, seit ich das Café habe", erzählt er, und dass er einen Sensorik-Kurs in der Münchner Rösterei „Vits" und einen Kurs „Latte Arts" bei „m-presso" absolviert hat. Wer mag, bekommt im Velosoph auch einen Filterkaffee, denn Michael möchte gern für jede Kaffee-Vorliebe etwas anbieten.

Dabei hatte er sich zunächst gar nicht als Gastgeber gesehen, in diese Rolle musste er erst hineinwachsen. „Ich war von mir selbst überrascht, denn man muss ja mit jedem, der hereinkommt, eine Basis finden, und ich war unsicher, ob ich das hinbekomme."

Ich kann nur sagen, er bekommt das spielend hin. Auch die Reaktionen seiner Gäste sprechen eine eindeutige Sprache. Als ihm

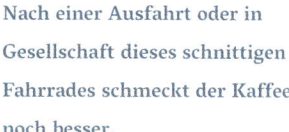
Nach einer Ausfahrt oder in Gesellschaft dieses schnittigen Fahrrades schmeckt der Kaffee noch besser.

Seinen Kaffee von „Coffee Circle"
bezieht Michael aus seiner Geburtsstadt Berlin.

ein Pärchen, das ihn häufig auf seinen Touren begleitet und gerne bei ihm einen Kaffee trinkt, eine kleine Radlerfigur mit seinem Emblem anfertigen ließ, hat Michael das doch sehr berührt.

Und neben dem Café und neben den hochgelobten Ausfahrten gibt es noch einen gut ausgestatteten Fahrradladen mit ausgesuchten, überwiegend kleineren Marken, die ihre eigene Geschichte haben. Da findet man individuelle Rennräder oder Modelle, die die Namen von Alpenpässen tragen. Michael hat auch Shirts mit dem „Velosoph"-Logo im Angebot. Zudem engagiert er sich aktiv für die Initiative „Muskeln für Muskeln", die sich dafür einsetzt, eine Therapie gegen eine seltene neuromuskuläre Erkrankung zu finden (www.muskeln-fuer-muskeln.org). Für diesen guten Zweck gibt es eigene Produkte im Shop, von deren Erlös fünf Euro gespendet werden. Darüber hinaus wird eine Woche lang geradelt, was die Waden hergeben, um möglichst viele Kilometer in Spenden umzusetzen.

Und wenn man körperlich was getan hat und der Kopf frei ist, dann sitzt man gemütlich zusammen auf der Bank im Schaufenster des Velosophen. An den klei-

Russischer Zupfkuchen

Für eine Springform (24 cm Durchmesser)

Zutaten für den Teig

200 g Mehl
50 g Stärke
2 TL Backpulver
120 g Puderzucker
50 g Kakaopulver
140 g Butter
1 Ei
1 Prise Salz

Zutaten für die Füllung

140 g Puderzucker
3 Eier
500 g Magerquark
1 Päckchen Vanillezucker
20 g Stärke
1 Prise Salz
60 g zerlassene Butter
175 ml Sahne

Zubereitung

Den Ofen auf 150 Grad (Umluft) vorheizen.
Für den Teig Mehl mit Stärke und Backpulver
mischen. Puderzucker und Kakaopulver
hinzufügen. Gewürfelte Butter, das Ei und Salz
mit den trockenen Zutaten verkneten. Die
Springform fetten und drei Viertel des Teiges am
Boden andrücken und einen 2 Zentimeter hohen
Rand formen.

Für die Füllung Puderzucker und Eier leicht
aufschlagen. Magerquark auf die Eimasse geben
und mit Vanillezucker, Stärke und einer Prise
Salz verrühren. Zerlassene Butter hinzugeben
und geschlagene Sahne vorsichtig unterheben
(nicht rühren).

Für die Zupfen jeweils etwa haselnussgroße
Stücke aus dem restlichen Teig zupfen, zwischen
den Handflächen platt drücken und auf dem
Kuchen verteilen.

Kuchen für ca. 60 Minuten backen.

nen runden Tischchen, zwischen all den Fahrrädern kommt schnell Zufrie-
denheit auf und man erfreut sich an der Bewegung, am Sport, am Beisammensein und nicht zuletzt am richtig guten Kaffee!

 Velosoph Ziegelgasse 19, 85354 Freising, www.velosoph-freising.de

35

Junkers
Café Rösterei

„RÖSTAROMEN IN DER FISCHERGASSE!"

Wenn die Träume zweier Generationen miteinander verschmelzen, dann entsteht daraus im besten Fall so etwas wie Junkers Café Rösterei in Freising. Vater und Tochter bilden hier ein charmantes und engagiertes Gespann, das sich modern und bodenständig zugleich präsentiert.

Michael Junker arbeitete lange erfolgreich als Physiotherapeut in München, bis er schließlich aus gesundheitlichen Gründen umdenken musste. „Ich habe schon immer gern Kaffee getrunken und mir regelmäßig Röstungen aus Italien mitgebracht. Auf meinen Städtereisen war ich außerdem immer auf der Suche nach einem guten Café." Zudem gab es da noch Wolfgang, einen Freund der Familie, der zuhause in einem selbst gebauten Tischröster röstete.

Michael ließ sich also von dem Duft frisch gerösteter Bohnen anstecken und fand so seine Berufung. Und da er schon immer begeisterungsfähig war, stand schnell der Entschluss im Raum, eine eigene kleine Rösterei zu eröffnen. „Ich wollte eigentlich nur zwei Tische und eine Mini-Rösterei. Doch dann kam meine Tochter Nina!"

Nina hat Wirtschaftspsychologie studiert, aber als Vater und Tochter das Objekt in der Fischergasse besichtigten, entschieden sich die beiden spontan, sich dort gemeinsam zu verwirklichen.

Im Juli 2018 feierte das Duo in den außerordentlich stilvollen Räumlichkeiten schließlich Eröffnung. Von Anfang an verstanden sie sich auch beruflich prächtig und dafür haben sie ein einfaches Rezept: „Man muss sich gegenseitig Freiheiten lassen, aber trotzdem auch wirtschaftlich denken."

Man kann herrlich draußen sitzen und die hauseigenen Röstungen trinken, während ruhig das Wasser im Kanal an einem vorüber fließt.

Und während Nina sich als Geschäftsführerin um einen modernen Webshop, die Buchhaltung und das Personal kümmert, ist Papa Michael sozusagen „Zulieferer" der Ware, in diesem Fall des röstfrischen Kaffees. Seine Tochter ermahnte ihn mit einem Augenzwinkern vor der Eröffnung: „Papa, Du musst üben, wir machen bald auf!".

Und da Michael den professionellen Umgang mit den Bohnen lernen wollte, absolvierte er eine Ausbildung an der „Berlin School of Coffee". „Rösten hat aber auch viel mit Gefühl zu tun, das muss man erst entwickeln", meint Michael.

Mindestens einmal die Woche, jeden Freitag, wird für vier bis fünf Stunden direkt im Café in einem Röster der Firma „Giesen" geröstet und dann wehen herrliche Aromen durch die Räume mit den quadratischen Holztischen. Den bio-zertifizierten Rohkaffee bezieht der Röster von „List + Beisler" aus Hamburg. Michael kauft ausschließlich Qualitätskaffees, die mindestens 86 Punkte auf der Bewertungsskala erhalten haben. Die Hausröstung des Junkers trägt den Namen „Indian Monsooned Malabar". Der hierfür verwendete ungewaschene indische Rohkaffee erhält seine geschmacklichen Feinheiten während der Fermentierung durch den Monsunregen und besitzt Aromen von Erdnuss und Schokolade.

Die Einrichtung des Cafés folgt einem klaren und sehr edlen Design-Konzept. Ein geölter Eichenboden, ein Ledersofa und die gesteppten Rückenlehnen der Stühle, raffinierte Rollos aus Kaffeesäcken und die „goldene Ecke" mit den hauseigenen Röstungen sorgen für eine wunderbare Wohlfühlatmosphäre. Dazu gehört für den Röster und seine Tochter auch, dass die Gäste am Tisch persönlich begrüßt werden. Ihr Wohl und ihre Wünsche stehen im Vordergrund. Dazu gehört auch eine flexible Zusammenstellung der Speisen. „Unser Frühstück darf sich jeder Gast individuell zusammenstellen. Wir legen Wert auf Bio-Qualität. Bio-Eier sind eine Selbstverständlichkeit und die Bio-Milch beziehen wir vom ‚Milchhof Zierer' aus Freising. Der beliefert uns so wie vor hundert Jahren – ohne Verpackung."

Nachhaltigkeit und Bio-Qualität, das liegt der modernen Geschäftsführerin sehr am Herzen. „Wir verzichten möglichst auf Verpackungsmaterial und Coffee-

Die Einrichtung ist äußerst stilvoll. Auf so einem Sofa kann man lange sitzen, tiefsinnige Gespräche führen oder einfach nur den Kaffee aus der hauseigenen Rösterei genießen.

to-go-Becher gibt es bei uns ebenfalls nicht, unsere sind aus Keramik", betont Nina.

Mittags stehen unter anderem Flammkuchen, Quiches, Salate oder Sandwiches auf der Karte. Darüber hinaus lassen sich die Cafébetreiber spontan vom Angebot auf dem Markt inspirieren, auf dem sie jeden Mittwoch einkaufen.

Schließlich ist noch Andrea zu erwähnen, die in der Küche steht und mit Leidenschaft und viel Erfahrung die hausgemachten Kuchen backt. Vater und Tochter erinnern sich noch genau an die erste Begegnung mit ihrer Küchenfee: „Andrea brachte beim Vorstellungsgespräch schon etwas zum Probieren mit. Es war unwiderstehlich!"

Der gute Kuchen ist nur ein Grund mehr, es sich im Junkers gemütlich zu machen. Dass Nina und Michael einer alten Tradition folgen, erfuhren sie erst von einem Gast, der ihnen verriet, dass es in den achtziger Jahren schon einmal ein

Vater Michael kümmert sich um die Röstmaschine, während Tochter Nina die Geschäftsführung übernimmt.

Indian-Monsooned-Malabar-Torte

Für eine Springform (26 cm Durchmesser)

Zutaten für den Biskuitboden

180 g Zucker

6 Eier

180 g Mehl

60 g Speisestärke

20 g Kakaopulver

1 Päckchen Backpulver

1 Päckchen Vanillezucker

Zutaten für die Füllung

1 Päckchen Vanillepudding

75 g Zucker

500 ml Milch

250 g Butter

1 Espressotasse starken Kaffee (bei uns Espresso des „Indian Monsooned Malabar")

Zubereitung

Den Backofen auf 160 Grad (Umluft) vorheizen. Die Springform mit Backpapier auslegen. Zucker und Eier sehr schaumig rühren (mindestens 20 Minuten!), bis eine helle, cremige Masse entsteht. Die restlichen Zutaten mischen und darunterheben. Dann auf mittlerer Schiene ca. 40 Minuten, backen. Danach abkühlen lassen.

Für die Füllung Puddingpulver und Zucker mit 100 ml Milch glatt rühren. Die restliche Milch zum Aufkochen bringen, dann das gemischte Puddingpulver unterrühren. Unter ständigem Rühren ca. 1 Minute köcheln lassen. Den Pudding in eine Schüssel geben und gut abdecken, sodass sich keine Haut darauf bilden kann.

Die Butter sollte Zimmertemperatur haben und cremig weiß aufgeschlagen werden. Den Pudding und den Kaffee abwechselnd, esslöffelweise nach und nach unter die Butter rühren.

Den Tortenboden in 4 Schichten der Länge nach aufschneiden.

Tortenboden und Creme abwechselnd aufeinander schichten, mit einer Cremeschicht abschließen.

Für die Verzierung nehmen wir gerne Schokoröhrchen, Schokokekse, für den Rand Mandel- oder Haselnuss-Splitter.

Wiener Kaffeehaus und eine Rösterei in Freising gab. Die Gäste des Junkers freuen sich in jedem Fall über die den neuen Freisinger Röstungen, die sie vor Ort genießen können.

Und wenn das Wetter mitspielt, dann nimmt man den hausgerösteten Kaffee samt Kuchen einfach mit nach draußen, setzt sich vor das schöne Café und sieht der ruhig im Kanal dahinfließenden Moosach zu – und das ist Entschleunigung pur.

 Junkers Café Rösterei Fischergasse 4, 85354 Freising, www.junkers-cafe-roesterei.de

Brüh-Anleitung

⬡ **Rund 70 Prozent der weltweit getrunkenen Kaffees werden mit verschiedensten Filtermethoden gebrüht.** Wie viele der Inhaltsstoffe extrahiert, also ausgelaugt, werden, hängt von den Parametern Kaffeemenge, Mahlgrad, Wassermenge, Wassertemperatur, Filterart und -form, Brühzeit und der Verteilung des Wassers im Kaffee ab. Wir verwenden hier einen konischen Kupferfilter mit geschwungenen Rillen der Marke Hario.

Utensilien
Glaskaraffe
Porzellan-, Glas- oder Metallfilter
passendes Filterpapier
eine Feinwaage

1. Schritt

Das passende Filterpapier (z. B. von Hario) in den Filter einlegen. Das Papier mit heißem Wasser komplett anfeuchten und es ein paar Minuten in der Karaffe stehen lassen, um diese anzu- wärmen – danach komplett ausgießen.

2. Schritt

Die Karaffe samt Filter
auf die Waage stellen und
50 bis 60 Gramm
gemahlenen Kaffee pro
Liter einfüllen.

4. Schritt

Das Wasser so aufgießen, dass das komplette Kaffeemehl benetzt ist. Das Kaffeemehl ca. 30 Sekunden aufquellen lassen (Blooming).

3. Schritt

Die perfekte Wassertemperatur liegt bei 92 bis 94 Grad, dafür nach dem Kochen ca. 1,5 Minuten warten.

5. Schritt

Jetzt in kreisförmigen
Bewegungen nach und nach
aufgießen. Der Kaffee soll in
Bewegung bleiben und nicht
am Rand des Filters
festkleben.

6. Schritt

Die ideale Brühzeit liegt zwischen 1,5 und 3 Minuten. Danach den Filter abnehmen und den Kaffee noch einmal durchschwenken.

Wir danken der Ersten Tegernseer Kaffeerösterei für diese Brüh-Anleitung.

Röstereien

Andechser Kaffeerösterei
Herrschinger Straße 13, 82346 Andechs
www.andechser-kaffeeroesterei.de

Baruli
Hauptstraße 1, 83371 Traunreut
www.baruli-kaffee.de

Berliner Kaffeerösterei
Sickingenstraße 20 – 28, 10553 Berlin
www.berliner-kaffeeroesterei.de

BohnenFee Kaffeerösterei
Herrnstraße 19, 85368 Moosburg an der Isar
www.bohnenfee.de

bohnenreich
Albert-Schalper-Straße 11,
83059 Kolbermoor
www.bohnenreich.de

Caffè Cortese
Via Alessandro Manzoni 57,
Casoria – Napoli, Italien
www.caffecortese.com

Coffe Circle
Lindower Straße 18, 13347 Berlin
www.coffeecircle.com

Alois Dallmayr KG
Dienerstraße 14 – 15, 80331 München
www.dallmayr.com/.de

Dinzler Kaffeerösterei AG
Wendling 15, 83737 Irschenberg
www.dinzler.de

Erste Tegernseer Kaffeerösterei
Tegernseer Straße 101,
83700 Rottach-Weißach
www.tegernseer-kaffeeroesterei.de

Farfallina's Patisserie
Landstraße 4,
85235 Wagenhofen / Pfaffenhofen a. d.
Glonn
www.farfallinas.de

illycaffè S.p.A.
Niederlassung Deutschland
Staffelseestraße 4, 81477 München
www.illy.com

Junkers Café Rösterei
Fischergasse 4, 85354 Freising
www.junkers-cafe-roesterei.de

Kaffeerösterei am Ammersee
Madeleine-Ruoff-Straße 4A,
82211 Herrsching am Ammersee
www.kaffeeroesterei-am-ammersee.de

Merchant & Friends
Herrmannsdorf 6, 85625 Glonn
www.shop.merchantandfriends.com

Mokaflor
Via delle Torri 55, 50142 Firenze, Italien
www.mokaflor.de

Murnauer Kaffeerösterei
Am Mösl 4, 82418 Murnau
www.murnauer-kaffeeroesterei.com

Omkafè srl
Via Aldo Moro 7, 38062 Arco, Italien
www.omkafe.com

die Rösterin
Heid-Werkstraße 4,
2000 Stockerau, Österreich
www.dieroesterin.at

Röstperle
Flurweg 11, 82402 Seeshaupt
www.roestperle.de

Segafredo Zanetti Deutschland GmbH
Zielstattstraße 42, 81379 München
www.segafredo.de

Supremo
Kapellenstraße 9, 82008 Unterhaching
www.supremo-kaffee.de

Tölzer Bohne
Mönchstraße 5, 83679 Sachsenkam
www.toelzer-bohne.de

Torrefaktum
Bahrenfelder Straße 237, 22765 Hamburg
www. torrefaktum.de

Die Tortenfee
Am Hartholz 17, 82239 Alling
www.tortenfee.de

Wildkaffee Rösterei
Bahnhofstraße 8,
82467 Garmisch-Partenkirchen
www.wild-kaffee.de

Danke

Diesmal führte mich meine Café-Reise über die Grenzen der Stadt München hinaus und während ich dies schreibe, erinnere ich mich an die vielen unvergesslichen Begegnungen. Ich danke den Cafébetreibern rund um München sehr herzlich für ihre Zeit, ihre Offenheit und die schönen Geschichten, die sie mit mir geteilt haben. Ihr habt dieses Buch mit Leben gefüllt und ich wünsche mir, dass Eure Hingabe und Euer Qualitätsbewusstsein vor den Augen der Leser sichtbar werden. Auch Eure Café-Tipps waren sehr wertvoll, insbesondere Michael Freidank ist hier zu nennen.

Herzlich danke ich auch Gaby Kilian und meinem Mann Jürgen dafür, dass sie mich immer dann zu den Cafés chauffiert haben, wenn eine Anreise mit den öffentlichen Verkehrsmitteln schwierig war.

Was meine Worte nicht schaffen, das erreicht mein Fotograf Johannes Schimpfhauser auch diesmal wieder mit seinen einzigartigen Eindrücken. Ich bin wirklich sehr froh, lieber Johannes, dass Du mit Deinen Fotos dem Buch ein so unverwechselbares Gesicht verleihst!

Doch was wäre das alles ohne einen Verlag, der Texte und Bilder dann mit Feingefühl und viel Know-how auf die Seiten eines Buchs bringt? Vorneweg danke ich meinem engagierten und sehr geschätzten Verleger, Michael Volk, der die Fäden in der Hand hält und mich sogar zweimal auf meinen Besuchen begleitet hat. Auch meiner Lektorin Nadine Burks gebührt besonderer Dank: Liebe Nadine, du bist der Fels in der Brandung, diesmal mehr denn je, und ich bin unsagbar froh über Deinen kompetenten Blick auf meine Texte! Für das ausgewogene Layout und die Covergestaltung sorgte auch diesmal wieder Peter Berger.

Am Ende möchte ich die beiden liebsten Menschen nennen, die alle Seiten meines Schriftsteller-Daseins mit mir teilen: meine Tochter Amelie und mein Mann Jürgen. Diesmal seid Ihr oft mit mir unterwegs gewesen und habt mich sehr unterstützt. Danke dafür, Ihr seid mein großes Glück!

Die Autorin

Die Schriftstellerin und Dozentin Diana Hillebrand lebt mit ihrer Familie in ihrer Wahlheimat München. Sie veröffentlichte mehrere Bücher, Kurzgeschichten und eine Vielzahl von Fachartikeln. Eines ihrer Kinderbücher wurde mit einem LesePeter der Arbeitsgemeinschaft Jugendliteratur und Medien ausgezeichnet. Seit 2006 gibt sie fortlaufend Kurse zum Thema „Kreatives Schreiben" an ihrer WortWerkstatt SCHREIB&WEISE und unterstützt angehende und erfahrene Autoren bei ihren Buchprojekten. www.diana-hillebrand.de

Der Fotograf

Der gebürtige Altöttinger Johannes Schimpfhauser entdeckte schon früh seine Faszination für die Fotografie. Was als einfaches Hobby begann, entwickelte sich zu einer großen Leidenschaft. Bereits im ersten Band von „Zuhause im Café" verzauberte er die Leser mit seinem Blick für die kleinen Details. Durch seine ruhige, feinfühlige und herzliche Ausstrahlung gelang es ihm, meist unbemerkt von den Besitzern oder Gästen, die besonderen Eindrücke und Momente in den Cafés einzufangen.